Herbert Tomaso

Die Tango-Argentino-Fibel

Herbert Tomaso

Die Tango-Argentino-Fibel

Bibliografische Information der Deutschen Nationalbibliothek: Die Deutsche Nationalbibliothek verzeichnet diese Publikation in der Deutschen Nationalbibliografie; detaillierte bibliografische Daten sind im Internet über http://dnb.dnb.de abrufbar.

Lektorat: Bärbel Philipp (www.textperlen.de)
Verlag: BoD · Books on Demand GmbH, Überseering 33, 22297 Hamburg, bod@bod.de

Druck: Libri Plureos GmbH, Friedensallee 273, 22763 Hamburg

ISBN: 978-3-8192-4477-3

Inhalt

Einleitung.. 8

Begriffe im Tango (Übersicht)....................................... 11

Musikalität 12

Umgangsformen und Regeln auf Milongas........................... 20

Tanzen für Körper und Seele 24

Kommunikation im Tanz 30

Tango-Lehrer 34

Tanzhaltung 38

Training... 52

Bewegungen 59

Tango de Salón 62

Básico... 67

Cruzado... 73

Baldosa... 78

Caminar 80

Ocho.. 82

Salida 87

Adornos 88

Lapiz.. 90

Picotero... 91

Rebote 92

Barrida 93

Sanguchito 96

Parada 97

Cunita 97

Gancho.. 98

I

Boleo 99

Amague 100

Giro 101

Molinete..102

Sacada..105

Medialuna 111

Enrosque 110

Planeo..113

Kombinationen 114

Tango milonguero..123

Rückwärtsschritt-Serie für den Mann 130

Traspié 131

Promenaden 132

Vals 134

Tango Nuevo..135

Nachwort..138

Danksagung 140

Anmerkungen zur Literatur und zu den Internetseiten............144

Literatur..144

Auswahl von Tango-Seiten im Internet.........................145

Tabellen-Verzeichnis 146

Über den Autor: Herbert Tomaso.................................147

Einleitung

Der Tango Argentino übt eine Faszination auf Tänzer in der ganzen Welt aus. Die Verbundenheit der Partner in der Umarmung ist inniger und intensiver als bei allen anderen Tänzen. Die Magie und Anziehungskraft dieses Tanzes sind für viele ein Mysterium, das sie nur schwer begreifen und erklären können.

Jeder einzelne Tango ist improvisiert und somit eine Kreation des Moments. Musikalität, Bewegungsgefühl und technisches Können sind die wichtigsten Zutaten für die Improvisation.

In diesem Buch werden Sie lernen, worauf Sie bei der Haltung achten sollten, welche typischen Bewegungen und Figuren es gibt, wie Sie Tanzelemente kombinieren und wie Sie Ihre Improvisation gestalten und führen können. Dabei werden Sie zahlreiche Begriffe kennenlernen, die Sie im Unterricht in Deutschland genauso wie in Argentinien zur Anwendung bringen können. Sie werden lernen, wie das Tango-Training aufgebaut sein kann, wie Sie Ihre Musikalität entwickeln können und was jeweils typisch für den Tango de Salón, den Tango milonguero, den Tango nuevo und den Vals ist. Anhand etlicher Kombinationen werden Sie Zusammenhänge verstehen lernen und ein umfangreiches Repertoire für Ihre eigene Improvisation zur Verfügung haben.

Dieses Buch ist für Tänzer, die vom Tango begeistert und bereits ein wenig in diese Welt eingetaucht sind. Das Buch kann weder Lehrer noch die Erfahrung auf der Tanzfläche ersetzen, aber es kann Sie auf Ihrem Weg begleiten und strukturiert Dinge vermitteln, die Ihre Art zu tanzen abwechslungsreicher, musikalischer und eleganter machen werden. Vieles in diesem Buch ist aus der Perspektive des Mannes geschrieben, weil der Mann führen muss. Sie finden aber auch Passagen, die sich ausdrücklich an die Frau richten, um näher auf deren spezielle Schritte oder Bewegungen eingehen zu können. Die Frau steht immer im Mittelpunkt, auch wenn nicht jeder ihrer Schritte im Text explizit vorgegeben wird.

Wir stellen uns als männliche Tango-Tänzer viele Fragen: Wie wird sie die Führung verstehen? Wird sie den Tanz genießen und wieder mit mir tanzen wollen? Wie führe ich, was ich tanzen möchte? Wie wird meine Improvisation kreativer?

Die Frau fragt sich möglicherweise: Hört er gerade dieselbe Musik? Was will er jetzt führen? Warum redet er so viel? Wie heißt er eigentlich? Wie sehen wir als Paar aus?

Es gibt aber noch viel mehr, worüber wir in der Tango-Welt nachdenken und unsere Erfahrungen austauschen. Welche Schuhe sollen wir anziehen? Sollen wir uns für Wein, Kaffee oder Mate-Tee in den Tanzpausen entscheiden? Wie verhält man sich auf einer Milonga? Muss ich nach Buenos Aires fliegen, um Tango Argentino erlernen zu können?

Alles beginnt mit der Musik, der Umarmung und dem Einlassen auf einen anderen Menschen. Die Musik wird uns leiten, und die richtige Haltung ermöglicht harmonische Bewegungen. So kann ein wunderbares gemeinsames Erlebnis aus den wenigen Minuten eines Tangos werden. Der Einfachheit halber bleibe ich übrigens bei „Mann" beziehungsweise „Frau", möchte damit aber keinesfalls die Gefühle irgendeiner Person verletzen. Der Mann übernimmt üblicherweise die Funktion des Führenden (Líder), die Frau ist dann in der Rolle des folgenden Partners (Seguidor). Wie das Paar konfiguriert ist, bleibt den Beteiligten überlassen. Sie sollten sich nur vor dem Tanzen einigen, wer gerade welche Rolle spielen möchte. Im Training ist es sinnvoll, hin und wieder die Rollen zu tauschen. Dadurch lernt man die Schritte beider Tänzer und versteht einerseits die Schwierigkeiten der Führung, aber auch die Herausforderungen, mit denen der folgende Partner konfrontiert ist.

Die Idee zu diesem Buch entstand aufgrund der Inspiration zahlreicher Tango-Freunde, denen ich öfters mit kleinen Hinweisen helfen konnte, entspannter und sicherer zu tanzen. Ich bin kein Tanzlehrer, sondern Arzt und damit ziemlich ausgelastet. Ich tanze aber seit fast dreißig Jahren mit Begeisterung Tango Argentino und möchte meine Erfahrungen aus unzähligen Kursen und Tango-Tanzveranstaltungen, den Milongas, weitergeben. Beim Tango habe ich viele nette Menschen getroffen und meine wundervolle Frau Klaudia kennengelernt. Wir tanzen nun schon seit vielen Jahren gemeinsam und besuchen immer wieder Kurse und Workshops. Man lernt Tango eben nicht nur aus einem Buch, Sie müssen mit Ihrem ganzen Körper spüren, was Tango sein kann.

Begriffe im Tango (Übersicht)

In der Einleitung habe ich Ihnen spanische Bezeichnungen erspart, aber Sie werden beim Tango-Lernen nicht umhinkommen, sich einige von ihnen einzuprägen, um im Unterricht zu verstehen, was gemeint ist. Man kann diese Begriffe oft wie Symbole oder eine Kurzschrift einsetzen, damit Abfolgen von Bewegungen und Figuren skizziert werden können. Leider gibt es Bezeichnungen, die in der Tango-Welt eindeutig sind, für die es aber keine geläufigen deutschen Entsprechungen gibt. Da dieses Buch aber keine linguistische Forschungsarbeit werden soll, sondern der Fokus auf dem Tanz an sich liegt, werde ich daher aus pragmatischen Gründen nur dann deutsche Begriffe hinzufügen, wenn es passende gibt. Sollte das nicht der Fall sein, dann bleibt es bei Begriffen aus der Originalsprache, dem Spanischen. Die Tango-spezifischen Begriffe erkläre ich in jeweils eigenen Abschnitten. Außerdem orientiere ich mich grob an der international verwendeten Terminologie der World Dance Sport Federation (WDSF), damit es keine Unklarheiten gibt.

Wozu benötigen wir diese Begriffe überhaupt? Wir lernen im Unterricht Kombinationen von Schritten, Tanzelemente, Figuren, Choreografien. Wenn wir andere Tänzer beobachten, fragen wir uns vielleicht, welche Figur oder Schrittfolgen haben die getanzt? Die Begriffe ermöglichen das Abstrahieren von Bewegungsabläufen. Man muss also nicht über jeden einzelnen Schritt nachdenken oder ihn sich merken, sondern erkennt zusammenhängende Abschnitte, und das System wird transparent. Das erleichtert uns vor allem die eigene Improvisation, in der wir verschiedene Elemente immer wieder neu kombinieren können.

Musikalität

Meinen ersten Kurs für Tango Argentino hatte ich in einer Tanzschule in Graz (Österreich). Davor absolvierte ich dort diverse Kurse in Latein- und Standardtänzen. Der Tango Argentino forderte mich auf andere Weise als die übrigen Tänze. Während des Tanzens fühlte ich, dass ich wissen müsste, wie die Musik weitergeht, um passende Kombinationen tanzen zu können. Ich weiß nicht, ob Sie dieses Gefühl nachvollziehen können, aber ich musste einfach häufiger Tango hören und die Musik verinnerlichen. Heutzutage gibt es Internetradio mit Tangos rund um die Uhr und unzählige andere Musikquellen. Ich empfehle Ihnen, hören Sie Tango aus allen Epochen und von verschiedenen Orchestern. Je nach Komponisten, Orchester usw. gibt es sehr unterschiedliche Stilrichtungen, die tänzerisch interpretiert werden können. Ohne Wertung will ich einige Namen nennen, damit Sie von diesen ausgehend weitersuchen können: Juan D'Arienzo, Astor Piazzolla, Ricardo Tanturi, Osvaldo Pedro Pugliese, Carlos di Sarli, Aníbal Troilo. Über die wesentlichen Merkmale vieler Tango-Orchester hat David Thomas (2023) in seinem Buch „Get to Know Twenty Tango Orchestras" geschrieben. Die genauen Angaben finden Sie im Literaturverzeichnis.

Worauf können wir beim Zuhören achten?

Wir haben zunächst den Takt: Vals (Walzer) ist im Dreivierteltakt, die Milonga im Zweivierteltakt, der Tango im Vierachtel- oder Viervierteltakt. Milongas sind ältere Musikstücke, relativ schnell, und sie werden sehr eng getanzt. Dabei sind nur Bewegungen mit kleinerem Umfang möglich als im später entstandenen Tango de Salón. Tango Nuevo ist, wie der Name verrät, eine neuere Variante, die weniger eng getanzt wird und viele innovative Figuren ermöglicht.

Diese ganz oberflächliche Einteilung hat praktischen Nutzen, weil je nach Stilrichtung typischerweise unterschiedliche Figuren und Bewegungsmuster eingesetzt werden. Man könnte insgesamt mindestens acht Tango-Arten aufzählen, aber zur groben Orientierung genügt dieses Vierersystem.

Der Rhythmus (Ritmo) ist bei jedem Orchester unterschiedlich ausgeprägt, die Melodie (Melodia) beziehungsweise die musikalische Phrase (Frase musical) kann von verschiedenen Instrumenten getragen werden. In unserer musikalischen Interpretation als Tänzer können wir dem Rhythmus und den unterschiedlichen Instrumenten (beziehungsweise dem Gesang) folgen. Wie wir das machen, ist Geschmackssache und abhängig von unserer Hörerfahrung.

Wir beginnen den Tanz aus der Ruhe und Stille. Dorthin kehren wir während des Tanzes auch immer wieder zurück. Die Pause (Pausa) ist ein wesentliches Element in der Musik und schafft Kontraste und Spannung. Ich finde es wichtig, im Tanz auch ruhige Momente zu finden, in denen nicht nur Anfänger die Füße im Zweifelsfall wieder „sortieren" und zurück in die Musik finden können. Wir hören dabei aber nicht auf zu tanzen, wir nehmen nur das Tempo

(Tiempo) heraus, verlagern vielleicht das Gewicht, achten auf die Musik, setzen Akzente. Die Frau hat jetzt mehr Zeit für Verzierungen (Adornos) und steht eher im Mittelpunkt.

Das Gehen (Caminata) ist die Basis des Tangos. Dabei kann man die grundlegenden Schritte in ihrer schlichten Eleganz genießen. Dennoch gibt es auch hier unzählige Varianten, in denen die Tänzer mit subtiler Komplexität ihre Musikalität zeigen können.

Im Tango haben wir die Freiheit, im normalen Tempo (Tiempo simple), dem halben Tempo (Tiempo medio) oder dem doppelten Tempo (Tiempo doble) zu tanzen. In der Praxis kombiniert man diese Tempoänderungen in diversen Elementen. Synkopierte Schritte können Spaß machen, werden aber selten gesetzt. Dabei kombiniert man eine Verzögerung mit einem schnellen Schritt, bleibt aber insgesamt im Takt.

Hörtraining

Falls Sie sehr wenig Erfahrung mit Musik und Tanz haben, aber dennoch vom Tango begeistert sind, dann investieren Sie doch mehr Zeit in die Beschäftigung mit der Musik. Versuchen Sie, den Takt und den Rhythmus herauszuhören. Je nach Orchester und Musikstück ist das unterschiedlich schwierig. Suchen Sie sich zunächst Stücke aus, mit denen Sie besser zurechtkommen, weil sie klar strukturiert und vielleicht langsamer sind. Ein Metronom kann die Musik stark abstrahieren. Sie hören nur ein Ticken. Auch dazu kann man tanzen, wenn man das Gefühl für Musik erst entwickeln muss. Wer ein Musikinstrument erlernt hat, wird so ein Gerät vermutlich haben. Es gibt aber auch Apps, bei denen man Taktschläge in unterschiedlicher Geschwindigkeit, Lautstärke und Betonung der einzelnen Schläge einstellen kann. Das ist sehr nüchtern, aber es ist besser, zunächst damit zu üben, als nicht im Takt tanzen zu können. Das Metronom ist übrigens für jeden, der einigermaßen ernsthaft ein Musikinstrument erlernen möchte, unabdingbar. Sie werden es daher in jedem Musikgeschäft finden. Der Takt, den das Metronom vorgibt, ist aber nur die minimale Basis.

Eine weitere Hilfe ist das Mitzählen der Taktschläge. Am Anfang ist das Mitzählen etwas irritierend, aber es hilft dem Anfänger, zum richtigen Zeitpunkt in die Musik einzusteigen und zu wissen, an welcher Stelle des Grundschritts oder einer Figur er sich befindet.

Wenn Sie der Musik zuhören, werden Sie vermutlich zuerst die Stimme oder das Instrument hören, das die Melodie spielt. Hören Sie danach bitte auf die anderen Instrumente, die den Rhythmus verdeutlichen. Das kann zum Beispiel ein Klavier, ein Bandoneon oder eine Gitarre sein, die entsprechend dem Rhythmus Akkorde spielen. Natürlich ist Tango in jeder Hinsicht komplex, und es werden auch die vorhin genannten Instrumente die Melodie spielen. Es geht nur darum, Rhythmus und Melodie jeweils separat wahrzunehmen. Die Schritte folgen dem Rhythmus, die Figuren sollten in den Rahmen der Melodiebögen beziehungsweise übergeordneten musikalischen Elemente passen.

Die Fortgeschrittenen können sich spezielle Tangos auswählen und verschiedene Choreografien ausprobieren. Dazu sind jeweils folgende Fragen hilfreich:

Welcher Tango-Stil ist es?

In welche Abschnitte ist das Lied gegliedert?

Welche Figuren und Kombinationen könnte man aneinanderreihen?

Passen spezielle Figuren besser als andere?

Kann der Rhythmus unterschiedlich „vertanzt" werden? Passen die Bewegungen zu den musikalischen Abschnitten und beginnen und enden sie zum richtigen Zeitpunkt? Können Sie Akzente in der Musik hören und tänzerisch etwas daraus machen?

Wo können Sie Spannung aufbauen, wie können Sie Ihrer Partnerin Zeit für Verzierungen geben?

Kann Ihre Partnerin interessante Elemente zeigen und ihre eigene Kreativität ausleben?

Nach diesen Detailfragen stellt sich der eine oder andere vielleicht die grundsätzliche Frage: Genügt es, nur das Tanzen zu trainieren?

Sie benötigen im Leben eine gewisse Basiskondition; Muskulatur stabilisiert die Gelenke der Extremitäten und den Rumpf. Der Druck der Schritte kommt aus dem Fuß beziehungsweise der Wadenmuskulatur. Das kontrollierte Absenken erfordert entsprechende Muskeln in den Beinen.

Sie merken schon, man sollte möglicherweise mehr für den Bewegungsapparat tun.

Wie Sie Kraft und Ausdauer trainieren, bleibt Ihnen überlassen. Wenn Sie wenig Zeit haben und nicht Mitglied in einem Fitnessstudio sind, dann können Sie auch ohne Geräte sehr effizient trainieren. Natürlich gibt es auch Yoga und unzählige andere Möglichkeiten.

Und dann gibt es auch noch den Spruch: „Tango macht schön."

Diese Wunschvorstellung hat vielleicht einen wahren Kern. Generell ist davon auszugehen, dass Tänzer körper-bewusster, aktiver und vielleicht fitter als manche anderen sind. Die Haltung verbessert sich, und im Tanz kann Stress abgebaut werden. Das Selbstwertgefühl wird gestärkt, und das Auftreten kann eher eine entspannte Zufriedenheit ausstrahlen. Unser Äußeres wird schließlich nicht zuletzt dadurch bestimmt, wie wir leben. Es hilft im Alltag sicher, wenn man sich auf die nächste Milonga freuen kann oder einem die Erlebnisse während der Tangos der letzten Nacht noch durch den Kopf gehen. Denken Sie vor dem Einschlafen an das Tanzen und die netten Menschen, die Sie dabei treffen. Das ist besser, als über diverses Ungemach des Alltags zu grübeln. Lediglich Schlafmangel sollten Sie vermeiden, der hat bekanntlich negative Auswirkungen. Im Rahmen des Möglichen wird es durch das Tanzen also tatsächlich positive Effekte auf Ihr Wohlbefinden und Ihre Wirkung auf andere geben können.

Gedanken über Musikalität und Führung

Während man die Füße sehr akzentuiert setzt, sollte im Oberkörper eine ruhige, fließende Bewegung zu sehen sein. Stellen Sie sich Gymnastik im Schwimmbecken vor, bei der man sich leicht und langsam gegen den Widerstand des Wassers bewegt. Mit dieser ruhigen, gleichförmigen Bewegung kann der Oberkörper die Melodie begleiten.

Wenn Sie den Tanz beziehungsweise die Musik vorausdenken und die Partnerin fast wie ein Dirigent vorausschauend führen, wird die Frau Ihre Impulse in der Musik umsetzen können und nicht hinter der Musik sein.

Nehmen Sie die Energie einer Bewegung mit in die nächste Sequenz, dann folgt alles einer inneren Logik und Dynamik. Die Frau wird dadurch spüren, wie Sie weitertanzen wollen. Richtungsänderungen wird man durch Aufbau einer Spannung rechtzeitig anzeigen.

Mir fällt dazu eine Schaukel ein. Schiebt man jemanden auf einer Schaukel an, wartet man, bis der Umkehrpunkt erreicht ist, und unterstützt dann die neue Bewegungsrichtung mit einem leichten Impuls.

Für mich repräsentieren die Fußaktionen den Rhythmus und die Bewegungen im Oberkörper die Melodiebögen. Somit muss ich mich nicht entscheiden, welchem Instrument ich in der Musik folgen möchte.

Improvisation

Unsere Musikalität und Technik ermöglichen uns die Interpretation der Musik in der Improvisation (Improvisación). Die Rücksichtnahme gegenüber der Partnerin hat dabei oberste Priorität. Man muss so führen, dass die Frau ohne Stress folgen kann. Es ist dabei wichtig zu berücksichtigen, welche Vorkenntnisse die Partnerin hat. Insbesondere Kombinationen von Drehungen mit anderen Elementen sind in der Regel nur mit fortgeschrittenen Tänzerinnen möglich. Je nach Erfahrung und Rahmenbedingungen sind also mehr oder weniger Figuren durchführbar, doch das ist eigentlich nicht ganz so wichtig. Klarheit, Entschiedenheit und Musikalität werden dazu beitragen, dass auch einfache Kombinationen von Schritten abwechslungsreich und angenehm sind.

Es ist hilfreich, gute Tänzer als Vorbilder zu haben, um das Spektrum der Möglichkeiten zu sehen. Teilweise vermitteln Tänzer in Kursen, was sie sonst auf der Bühne präsentieren. Diese Elemente müssen dann langsam in das eigene Repertoire integriert werden. Langfristig genügt es nicht, diese Kombinationen auswendig zu lernen, man muss die Ideen dahinter erkennen. Improvisation erfordert, dass man Basiselemente gelernt hat, die man danach neu kombinieren kann. Dazu muss man diese Elemente tiefgründig verstanden haben und die Verbindung zwischen ihnen herstellen können. Auch die Übergänge zwischen den einzelnen Elementen mit geeigneten Schrittfolgen und der entsprechenden Führung muss man üben.

Das ist übrigens beim Erlernen eines Musikinstruments auch nicht anders. Sie können jeden Takt oder jede Zeile separat üben. Danach müssen Sie aber auch die Übergänge hinbekommen.

Umgangsformen und Regeln auf Milongas

Der Tango Argentino gehört seit 2009 zum Weltkulturerbe der UNESCO und ist eng mit der Mentalität und Historie der Argentinier verbunden. Da ich kein Argentinier bin, will ich mir nicht anmaßen, die Bedeutung dieses Tanzes für dieses Volk auch nur im Ansatz zu beschreiben. Man sollte tiefen Respekt vor diesen Menschen und dem Tango Argentino als Musik und Tanz haben. Das verlangt, dass man sich auch auf Milongas entsprechend verhält und die erwarteten Umgangsformen und Regeln auf der Tanzfläche (Códigos de la Milonga) einhält. Orientieren Sie sich am einfachsten an argentinischen Freunden und Ihren Lehrern (hoffentlich haben Sie beides). Und wenn Sie wirklich niemanden kennen, dann informieren Sie sich online über die Umgangsformen auf diesen Veranstaltungen.

Das Auffordern der Frau erfolgt in der Regel über Blickkontakt und die Zustimmung durch Zunicken, den Cabeceo. Danach trifft man sich am Rand der Tanzfläche (Pista de Baile). Stellen Sie sich dann bitte einander mit Namen vor. Sie können natürlich auch gerne mitteilen, woher Sie kommen usw., aber sobald Sie tanzen, sollten Sie sich hauptsächlich darauf konzentrieren und das Gespräch vorerst nicht weiter vertiefen.

Milongas sind Tanzveranstaltungen, die sich in Tandas gliedern. Eine Tanda besteht aus vier Musikstücken, die stilistisch zusammenpassen. Nach etwa vier Liedern wird eine Cortina („Vorhang") gespielt. Das ist ein Musikstück, das überhaupt nicht zum Tango passt und die Tandas trennt.

Dann trennen sich auch die Partner, und der Mann bringt die Frau wieder an ihren Platz zurück. Die Paare tanzen in der Regel also eine ganze Tanda miteinander. Fabian Lugo hat einige hilfreiche Tipps für den Besuch einer Milonga zusammengefasst und online veröffentlicht (https://pagewizz.com/tango-tanzen-mit-stil-32383/).

Kurz zusammengefasst sollte man auf folgende Dinge achten: Auf der Tanzfläche bewegt man sich in Spuren gegen den Uhrzeigersinn. Man sollte in seiner Spur bleiben, nicht überholen und im Tanzfluss der Menge bleiben. Die Bewegungen sollten so maßvoll sein, dass man weder sich noch andere behindert oder verletzt. Entsprechend bleibt man auch nicht längere Zeit an einer Stelle oder geht im Zickzack über die Fläche.

Tango in Buenos Aires

Die weltweite Digitalisierung bewirkt, dass man zumindest einen vagen Einblick auf dem heimischen Bildschirm bekommen kann, wie in Argentinien getanzt wird. In Videos von den Tango-Weltmeisterschaften (Campeonatos Mundiales de Baile de Tango) kann man sehen, was von Wertungsrichtern als guter Tango betrachtet wird. Ich durfte das vor vielen Jahren in Buenos Aires als Tourist, also live und direkt vor Ort, erleben. Diese Reise in die Heimat des Tangos war für mich prägend, weil ich danach eine klarere Vorstellung davon hatte, worauf ich selbst im Tango künftig mehr achten wollte.

Wenn man auf einem anderen Kontinent mit einer Tanzgruppe unterwegs ist, muss man nicht alles selbst organisieren und kommt leichter an besondere Orte. Die verschiedenen Milongas in Buenos Aires haben alle ein spezielles Publikum, eine besondere Atmosphäre und eigene Regeln. Von traditionellen bis sehr modernen Milongas gibt es ein großes Spektrum. Die verschiedenen Stadtviertel (Barrios) haben jeweils ihre eigenen Treffpunkte und ihre eigene Klientel. Auch in den Straßen von Buenos Aires wird Tango gespielt und getanzt. Wenn man die Gelegenheit hat, sollte man unbedingt Tango-Konzerte besuchen. Die Musiker mit ihren Bandoneons und den Klang der Orchester sollte man mit eigenen Augen und Ohren erlebt haben. Es gibt sehenswerte Tango-Shows, und man kann viele Kurse mit Tango-Unterricht besuchen. Die Stadt selbst ist ebenso beeindruckend, doch dazu finden Sie alles in Reiseführern. Genießen Sie aber auf jeden Fall das kulinarische Angebot und kosten Sie die hervorragenden Weine.

Wein, Kaffee oder Mate-Tee?

Tanzen kann Sport sein, Kunst, eine Mischung von beidem und noch mehr. Wie auch immer, Sie werden ins Schwitzen geraten und sich mehrere Stunden bewegen. Sie benötigen also Energie und müssen trinken. Es bleibt selbstverständlich Ihnen überlassen, wie Sie das handhaben, aber mit einem zu vollen Magen werden Sie sich beim Tanzen nicht wohlfühlen. Argentinischer Wein kann ausgezeichnet schmecken und die erwartungsvolle Anspannung auf einer Milonga etwas reduzieren. Leider ist Alkohol aber nicht nur für die Koordination und die Konzentration Gift. Kaffee und Mate-Tee fördern die Konzentration und die Ausdauerleistung. Es genügt ansonsten anfänglich Wasser.

Elektrolytgetränke ersetzen zusätzlich auch die verlorenen Salze. Relevant wird das erst, wenn Sie über viele Stunden tanzen. Bei Tanzmarathons und intensiven Workshops über mehrere Tage mit Milongas in den Nächten kann das allerdings wichtig werden.

Da man sich beim Tanzen sehr nahe ist, sollten Sie auch an die Gerüche denken, die diverse Speisen und Getränke verursachen. Die Vorbereitung auf das Tanzen beginnt nicht erst mit dem Anziehen der Tanzschuhe.

Tanzen für Körper und Seele

Wir könnten jetzt etliche wissenschaftliche Arbeiten diskutieren oder einfach den gesunden Menschenverstand benutzen. Ist kontrollierte Bewegung gesund? Hat Musik eine positive Wirkung auf das Gemüt? Wirkt sich das Zusammensein mit netten Menschen positiv auf unser Wohlbefinden aus? Ist eine Umarmung ein angenehmes Gefühl? Vermutlich kommen Sie auch ohne wissenschaftliche Studien zu dem Schluss, dass es nicht ungesund sein kann, mit Freunden oder auch zuvor unbekannten Menschen Spaß zu haben und aktiv zu sein. Tanzen hat positive Auswirkungen auf den Hormonhaushalt, die Psyche, den Kreislauf, die Muskulatur, die Koordination, das Gleichgewicht und ist insgesamt gut für unser Gehirn. Vielleicht leben wir länger, und wenn nicht, hatten wir wenigstens eine schöne Zeit. Mit Musik und Tanz kann man auch Krisenzeiten besser überstehen; sie erhöhen unsere Resilienz.

Wie fühlt sich ein schöner Tango an?

Als Anfänger kämpfen Sie zunächst damit, die richtigen Schritte aneinanderzureihen. Sie müssen neue Figuren erlernen, sie miteinander kombinieren, Sie lernen zu führen oder geführt zu werden, und Sie müssen meist erst mit der Musik vertraut werden. Deshalb wird sich am Anfang eher selten ein Glücksgefühl einstellen. Sie werden aber eine gewisse Ahnung haben, eine Sehnsucht nach etwas spüren, das Sie noch gar nicht so genau kennen. Ich teile Ihnen gerne meine sehr subjektiven Empfindungen dazu mit: Es beginnt mit schöner Musik und einer sympathischen Frau im Arm. Ich liebe es, wenn die Partnerin in der ersten Sekunde richtig in der Umarmung „andockt". Was verstehe ich darunter? Die Umarmung ist natürlich und ungezwungen, ohne Scheu und demonstrativen Versuch, sich von mir fernzuhalten. Ich spüre einen leichten Gegendruck und ihre Körperspannung, durch die ich die Führung direkt übertragen kann. Die Kommunikation funktioniert so gut, dass ich bei meinen Bewegungen nur an die Interpretation der Musik denken muss und darauf vertrauen kann, dass sie die geführten Schritte setzen wird. Die Energie kann kontinuierlich von einem Element in das andere fließen. Die Haltung bricht nie auf, und die Umarmung bleibt bis zum Ende vertraut und entspannt. Diese innige Verbindung kann sehr einprägsam, sogar unvergesslich sein.

Wie kann eine Frau den Partner beeindrucken?

Ein wie oben beschriebener als schön empfundener Tango genügt schon für die Ausschüttung von Glückshormonen. Sie werden eine schöne Tanda oder auch einen fantastischen Abend genießen können. Eine aktive Partnerin kann faszinierend sein und Sie nachhaltig beeindrucken. Was meine ich hier mit aktiv? Im Rahmen der Möglichkeiten der geführten Elemente kann die Frau nicht geführte Verzierungen tanzen und ihre Weiblichkeit bewusst in Szene setzen. Geben Sie Ihr den Raum und die Zeit, selbst die Musik zu interpretieren, ihre eigene Schönheit in der Bewegung zu präsentieren. Jede Frau ist auf ihre Weise schön, und elegante Bewegungen im Tanz können das noch besser zeigen. War das nicht der eigentliche Grund, warum wir uns ursprünglich für das Tanzen interessiert haben?

Wie kann ein Mann die Partnerin beeindrucken?

Mit der Antwort auf diese Frage definieren wir fast das Ziel, das wir erreichen wollen:

Musikalität, technisches Können und einfühlsame, klare Führung gehören dazu. Sie führen nicht nur mit den Armen, der ganze Körper bringt die Partnerin in die Ausgangsposition für die nächste Bewegung. Sie sollten genau wissen, was Sie wollen und das ohne Zögern entschieden auf die Tanzfläche bringen. Versuchen Sie aber nicht, Ihre Partnerin zu dominieren, sondern geben Sie Ihr Raum und Zeit, sich zu entfalten. Wenn Sie ein Bewegungselement durch Ihre Bewegungen und Ihre Körperposition vorschlagen, warten Sie auf ihre Reaktion und folgen Sie gegebenenfalls ihrem Gegenvorschlag.

Wenn wir diese Gedanken fortsetzen, werden Sie vielleicht mit mir übereinstimmen, dass die Partnerin beziehungsweise der Partner eine ganz besondere Rolle spielt. Die Lehrer können die grobe Idee einer Bewegung vermitteln, aber erst das gemeinsame Tanzen im Training und auf Milongas wird dazu führen, dass die Abläufe mit der Zeit mit dem richtigen Körpergefühl und der entsprechenden Musikalität getanzt werden können. Unterstützen Sie sich bitte gegenseitig auf diesem Weg und tauschen Sie Ihre Erfahrungen aus.

Was können Männer falsch machen?

Zunächst sollte man ein Gefühl dafür entwickeln, ob man erwünscht ist oder ob zumindest der Zeitpunkt für einen gemeinsamen Tanz gerade günstig ist. Es ist für beide Seiten unangenehm, wenn man eine Ablehnung auch noch mündlich mitgeteilt bekommt.

Man stellt sich einander zu Beginn mit Namen vor, muss jetzt aber keinen ausgedehnten Small Talk beginnen. Während des Tanzes ist weniger Text mehr. Sie können durch Ihre Umarmung und Ihren Tanz mehr ausdrücken und vermitteln, als Ihnen vielleicht bewusst ist. Sie müssen niemandem beweisen, dass Sie der schnellste Tänzer auf dem Planeten sind oder die komplexesten Figuren beherrschen. In erster Linie muss sich Ihre Partnerin wohl- und geborgen fühlen. Es soll beim Tanzen sicher keine Langeweile aufkommen, es sollte aber auch nicht zu einer Überforderung oder zu Stress kommen. Im Tanz geht es um die Bewegung in der Musik, daher sollte die Musik den Rahmen vorgeben, wie wir tanzen. Die Musikalität kann man immer weiterentwickeln und dadurch auch den Tanzstil verbessern.

Tango-Tänzer (Tangueros) üben oft spezielle Tangos sehr intensiv, um deren Rhythmik und Ausdruck bestmöglich tänzerisch zu interpretieren. Ein guter argentinischer Tänzer, der den Text eines Tangos mitsingen kann, wird einen besonderen Zugang zum jeweiligen Musikstück haben und die Musik in einer Weise interpretieren, die zumindest für mich persönlich nicht erreichbar ist. Es sind uns allen Grenzen gesetzt, aber Verbesserungen sind immer möglich und erstrebenswert.

Planlos auf der Tanzfläche?

Manche Tänzer haben vor einem Tango fast einen Blackout und wissen nicht, wie sie beginnen sollen. Andere empfinden in musikalischen Pausen eine Leere und wissen nicht, wie sie diesen Raum tänzerisch füllen können. Es ist in Ordnung, wenn man mit ganz einfachen Schritten und Kombinationen beginnt und langsam in den Tanz hineinfindet. Ein ruhiger Beginn kann Vertrauen und Sicherheit erzeugen. Die Komplexität wird man langsam steigern. Viele Maestros haben spezielle Einstiege in den Tango, die sie immer wieder nutzen. Achten Sie also auch auf die ersten Schritte Ihrer Vorbilder, die Verzierungen und deren Timing. Sie können sich diverse Varianten abschauen und aneignen. Wenn genug Platz vorhanden ist, kann man mit dem Gehen (Caminar) beginnen.

Wenn Sie in ein musikalisches „Loch" gefallen sind und Sie eine Pause kalt erwischt hat, dann liegt das vermutlich daran, dass Sie noch zu wenig Tango-Musik gehört haben. Es ist extrem hilfreich, wenn man viele Tangos kennt und bei den übrigen ein Gefühl hat, wie sich die Musik entwickeln kann und wie sie strukturiert ist. Dazu muss man nicht Musik studiert haben, Hörerfahrung hilft schon erheblich.

Kennen Sie ein Lied, können Sie die Musik gewissermaßen vorausdenken. Warum ist das wichtig? Wenn Sie nicht wissen, wie die Musik weitergeht, sind sie automatisch immer zu langsam und tanzen sozusagen der Musik hinterher. Sie müssen Ihre Bewegungen schon im Voraus planen und sie einleiten, bevor der eigentliche Taktschlag beziehungsweise Musikteil hörbar wird. Dazu muss man eine ausreichende technische Sicherheit haben. Es ist offensichtlich, dass sich das alles mit der Zeit parallel entwickelt. Muss man sich noch zu sehr auf die eigenen Füße konzentrieren, kann man nicht richtig auf die Musik hören. Leider erfordert das je nach Talent und musikalischer Vorerfahrung durchaus viel Zeit.

Mir fällt dazu immer folgender Vergleich ein: Damit ein Motorboot ins Gleiten kommt, muss zunächst viel Energie aufgewendet werden, um über die Bugwelle zu kommen. Danach geht es rasch voran. Man braucht beim Tango vielleicht eine Phase, in der man sich sehr intensiv mit dem Tanz beschäftigt, irgendwann kann man ihn dann aber auf einem anderen Niveau genießen.

Sportler und Musiker sind es gewohnt, Bewegungsabläufe auch im Kopf durchzuspielen. Wenn Sie gerade einige ruhige Minuten haben oder am Abend nicht spontan in den Tiefschlaf fallen können, dann gehen Sie doch einige Schritte und Figuren gedanklich durch. Jegliche Beschäftigung mit der Tango-Musik und alle Arten von Übungen werden sich auf der Tanzfläche später als nützlich erweisen. Überlegen Sie schon vor dem Besuch einer Milonga, welche Figuren Sie in Ihrem Repertoire haben. Häufig ist das mehr, als Ihnen spontan einfällt. Kleine Erinnerungshilfen wie Videos auf dem Handy, Karteikarten usw. helfen Ihrem Gedächtnis wieder auf die Sprünge, und Sie können sich geistig auf den Abend vorbereiten. Sie können sich auch einfach von anderen auf der Tanzfläche inspirieren lassen und auf Ihre eigene Weise Figuren neu kombinieren.

Kommunikation im Tanz

Führen und Folgen sind Elemente der Kommunikation unserer Körper. Wie eine Sprache muss auch diese Kommunikation erlernt werden. Im Alltag teilen wir vieles verbal sowie durch unsere Mimik und Körpersprache mit. Während des Tanzes bleibt davon nur die Körpersprache. Allerdings ist das hier eine andere Körpersprache als die, die wir im Alltag nutzen. Wir müssen also eine Art Sprache erlernen, die ihre eigenen Regeln, Ausdrücke und Dialekte hat. Wer sich dieser Sprache verschließt, wird nicht kommunizieren und somit nicht tanzen können. Bei den einzelnen Tanzelementen werden wir uns damit befassen, welche Kommunikationsmittel wir einsetzen müssen, um uns zu verständigen. Was meine ich mit Dialekten? Jeder führt anders, unterschiedliche Stilrichtungen (zum Beispiel Tango milonguero versus Tango de Salón) werden anders getanzt. Es gibt also unterschiedliche Wege der Kommunikation auf der Tanzfläche. Sie benötigen eine gewisse Sensibilität, um sich auf die Musik und die jeweilige Partnerin oder den Partner einzustellen.

Die „nichtführbare" Frau

Als Mann haben Sie keine Chance, wenn die Frau immer glaubt zu wissen, wie es weitergeht und Schritte setzt, bevor Sie sie geführt haben. Es sind jederzeit Richtungswechsel, Tempoänderungen usw. machbar, allerdings führt das alles der Mann, und die Frau sollte die Geduld haben, auf seine Impulse zu warten. Improvisation bedeutet, dass die nächsten Schritte für die Frau eben nicht vorab immer erahnbar sind.

Die Führung kann auch neutralisiert werden, wenn die Frau die Bewegung im Schultergürtel nicht auf das Becken und bis in die Füße überträgt. Geht nur der Schultergürtel ein wenig zurück und passiert in den Beinen nichts, geht jeder Impuls ins Leere. Weicht der rechte Ellbogen der Frau bei Druck einfach nach hinten aus, bleibt dem Mann aber zumindest noch der Körperkontakt an der rechten Seite für die Führung.

Für viele Frauen bedeutet es eine große Umstellung, wenn sie lernen müssen, sich auf die Führung einzulassen. Emanzipation und Geschlechterrollen insgesamt wurden und werden in der traditionellen Welt des Tango Argentino anders empfunden und gelebt, als dies im gegenwärtigen Deutschland im Alltag meist geschieht. Wenn wir uns auf diese andere Mentalität einlassen, werden wir merken, dass das eine spannende, stärkere Polarisierung der Geschlechter bedeutet, die aber nichts mit Unterwerfung und Beherrschung der Frau oder anderen negativen Dingen zu tun hat. Der Mann muss ganz im Gegenteil besonders auf die Frau achten und dafür sorgen, dass sie sich wohlfühlt und den Tanz genießen kann. Damit eine Frau führbar ist, muss sie die korrekte Haltung im Tanz beibehalten und die Körperspannung aufrechterhalten. Sie sollte keinen Schritt setzen, der nicht geführt wurde. Gemeint sind damit insbesondere Schritte mit Gewichtsverlagerung. Die Frau sollte innerlich darauf vorbereitet sein, die Führung umzusetzen, muss aber auf die Führung warten. Das erfordert Geduld, Einfühlungsvermögen und Musikalität. Teilweise genügt es, einfach einen Schritt nach dem anderen im Takt zu setzen. Allerdings gibt es spezifische Bewegungsabläufe, die typisch für den Tango Argentino sind und bekannt sein müssen, da sie ansonsten kaum führbar sind. Dazu gehören das Einkreuzen,

Ochos und die Schritte der Drehung. Eingekreuzte Schritte gibt es in diversen Tänzen, und Ochos werden als „Swivels" ebenfalls in anderen Tänzen getanzt. Dennoch sollten Frauen aus eigenem Interesse Kurse und Technik-Workshops besuchen, damit sie die Führung besser verstehen können. Insbesondere die Haltung unterscheidet sich wesentlich vom Tango der Standardtänze. Deshalb sind Vorkenntnisse aus diesem Bereich erst ab dem Zeitpunkt hilfreich, wenn man die andere Haltung verinnerlicht hat.

Partnertausch

Im Tango Argentino ist Partnertausch zum Beispiel zwischen zwei Tandas sehr üblich. Warum ist das schwierig, aber gleichzeitig auch höchst spannend und nützlich? Sie müssen mit der Zeit Ihre Kommunikationsfähigkeiten und eine bessere Körperbeherrschung entwickeln. Sie werden sehr schnell merken, wenn die Frau nicht versteht, was Sie glauben, geführt zu haben. Sie müssen also wissen, was Sie wollen, das klar und richtig führen und die Körperkontrolle haben, sich in Relation zur Partnerin richtig zu bewegen. Setzen Sie Ihre Schritte entschieden, aber achten Sie darauf, die Bewegung der Partnerin in die entsprechende Richtung zu ermöglichen, und stören Sie sie vor allem nicht.

In manchen Paaren entwickeln sich Gewohnheiten, wie Figuren eingeleitet und umgesetzt werden, die mit wirklichem Führen und Folgen nicht viel zu tun haben. Nur wenn Sie auch mit anderen tanzen, werden Sie merken können, ob Ihre Führung tatsächlich die alleinige Ursache für einen Bewegungsablauf war. Wohlwollende Partnerinnen kompensieren oft zu lange die unzureichende Führung durch den Mann, und er verpasst dadurch die Gelegenheit, die Führung richtig zu erlernen.

Wenn Sie mit mehreren Frauen den gleichen Bewegungsablauf getanzt haben, werden Ihre Bewegungen geschmeidiger, sicherer und „abgeschliffener". Machen Sie das aber nicht zu oft hintereinander auf einer einzigen Milonga, das wird nicht nur für Sie selbst langweilig werden. Frauen werden Ihnen verbal und nonverbal Feedback geben, ob der gemeinsame Tanz für sie ein Genuss war.

Tango-Lehrer

Es gibt viele gute Tango-Tänzer und Tango-Lehrer (Maestros). Wir können also immer weiter lernen und das mit Reisen oder einfach schönen Wochenenden kombinieren. Ich fand es vor allem in meiner Zeit in München sehr hilfreich, dass es wunderbare argentinische Lehrerinnen und Lehrer gab, die jede Woche mehrfach Tango-Unterricht anboten. Diese Kontinuität ist eine Basis, auf der man gut aufbauen kann. Zusätzlich war ich auf diversen Workshops auch bei anderen Lehrern. Nicht jeder Workshop war unmittelbar hilfreich: Manchmal war das Niveau für mich zu hoch, manchmal passten die Unterrichtsinhalte beziehungsweise Figuren nicht in meine kleine Tango-Welt. Ich bereute jedoch nie meine Teilnahme. Es war immer eine wertvolle Erfahrung, die den Horizont erweiterte.

Was mir aber wichtig ist: Man erlernt eine für den jeweiligen Maestro typische Stilrichtung, und die Figuren von anderen passen da nicht unbedingt dazu. Das ist keine Bewertung, man sollte zunächst aber bei einer Richtung bleiben. Vielleicht ergibt sich zu einem späteren Zeitpunkt die Möglichkeit, das bei anderen Erlernte zu integrieren oder geringfügig zu modifizieren.

Manche Figuren erfordern spezielle Führungstechniken und Kenntnisse der Partnerin. Wenn man mit fremden Damen tanzt, kann man gewisse Kenntnisse nicht voraussetzen, und man sollte die neue Partnerin auch nicht auf der Tanzfläche belehren.

Bevor ich eine Figur auf einer Milonga mit einer anderen Dame tanze, übe ich mit meiner Partnerin, gehe die Bewegungen im Kopf durch, schreibe mir Karteikärtchen, sehe mir Videos an. Vielleicht klingt das für manche übertrieben, für andere vielleicht zu einfach. Einige dieser in vielen Jahren gesammelten Notizen sind übrigens in angepasster Form Teil dieses Buchs. Vielleicht fragen Sie sich, wie ich Kombinationen von Figuren für mich aufschreibe und wie Sie das selbst handhaben könnten. Ganz allgemein sollten Sie sich notieren, was Sie benötigen, um das Erlernte reproduzieren zu können. Am Anfang sind das vielleicht Informationen zu jedem einzelnen Schritt, jede Richtungsänderung, Schwerpunktverlagerungen, Führungstechniken, Rhythmusänderungen und vieles mehr. Sie werden sich sicher notieren müssen, mit welchem Ihrer Füße Sie eine Aktion durchführen sollen. Für gewisse Elemente und Bezeichnungen können Sie Abkürzungen verwenden, damit die Texte nicht zu lang werden und übersichtlich bleiben. Die Tabellenform (wie weiter hinten in diesem Buch) ist in der Fachliteratur üblich. Skizzen der Schritte können möglicherweise helfen, im Tango Argentino finde ich sie aber zu kompliziert, um noch von praktischem Nutzen zu sein. Sobald Sie für gewisse Elemente Bezeichnungen gelernt haben, können Sie diese nutzen, um Ihre Beschreibungen deutlich zu verkürzen. Diese Herangehensweise habe ich bei der Beschreibung von Kombinationen gewählt. Oft gibt es spezielle Punkte, die besonders wichtig sind. Für mich war das meist eine spezielle Gewichtsverlagerung, die einen Ablauf erst ermöglicht hat. Am Ende zählt nur, was für Sie funktioniert.

Paartänze lernt man vorwiegend als Paar. Technische Übungen kann man natürlich alleine vor dem Spiegel üben. Es ist aber sehr empfehlenswert, eine Tanzpartnerschaft einzugehen. Das Training außerhalb der Milonga ist sonst schwieriger, und eine gewisse Vertrautheit ist erforderlich, damit man Fehler, Schwierigkeiten und Zweifel ansprechen und daran arbeiten kann. Aus Tanzpartnern auf einer Milonga werden manchmal Trainingspartner und daraus können enge (Liebes-)Beziehungen entstehen.

Ihre Partnerin ist jedenfalls auch gewissermaßen Ihre Lehrerin. Sie wird Ihnen eine Rückmeldung geben, ob die Führung verständlich und angenehm ist oder ob Sie an irgendetwas arbeiten sollten. Widerspruch und Rechthaberei sind da nicht sinnvoll. Analysieren Sie das Problem und versuchen Sie, etwas zu verbessern. Sie tanzen ja nicht für sich, sondern als Paar. Wenn Sie also gemeinsam tanzen, sollten Sie gemeinsame Ziele haben. Das kann das Erlernen einer Figur sein, die Arbeit an der Haltung und der Führung oder die gemeinsame Teilnahme an Kursen. Besprechen Sie das Ziel des Trainings am Anfang, damit Sie sich nicht gegenseitig bei Dingen kritisieren, die gerade eigentlich nicht so sehr im Fokus stehen. Man kann sich nicht immer gleichzeitig auf alles konzentrieren.

Das Musikempfinden ist sehr individuell, und bei derselben Musik tanzt dennoch jedes Paar völlig anders. Manche Figuren werden von mir aussortiert, weil sie sich für meine Partnerin nicht gut anfühlen oder nicht in mein System passen. Ich habe tänzerische Vorbilder, deren Stil ich uneingeschränkt bewundere. Mit großer Dankbarkeit für ihr Werk will ich hier einige Künstlerinnen und Künstler nennen, die ich gedanklich sofort mit dem Tango verbinde:

Alejandra Mantiñan, Gabriel Missé, Géraldine Rojas, Sebastián Arce, Mariana Montes, Gustavo Naveira, Chicho Mariano Frúmboli und Juana Sepúlveda. In den Onlinequellen am Ende des Buchs werden Sie noch mehr Beispiele finden. Natürlich gibt es viele fantastische Tänzer, und eine jede Auswahl ist subjektiv und damit ungerecht, aber Sie haben so erste Anhaltspunkte, wonach Sie im Internet Videos, Kurse usw. suchen können. Gleichzeitig möchte ich damit verhindern, dass Sie sich in den Weiten des World Wide Web verlieren und durch die Suchalgorithmen in eine möglicherweise falsche Richtung gelenkt werden.

Je nach eigener Mentalität, tänzerischer Vorerfahrung, körperlichen Voraussetzungen und nicht zuletzt Musikalität muss man seinen eigenen Weg finden, auch wenn man tolle Lehrer und Vorbilder hat.

Tipps diverser Maestros wurden auch in dem empfehlenswerten Buch von Dimitris Bronowski (2021), „Tango Tips de los Maestros", veröffentlicht. Darin schildern einige berühmte Tango-Tänzerinnen und -Tänzer ihre Gedanken über den Tango. Musikalität und Körpergefühl sind die dominierenden Themen. Um sich selbst damit beschäftigen zu können, müssen Sie allerdings auch über ein Repertoire an Schritten, Techniken und Figuren verfügen, mit dem Sie experimentieren können.

In diesem Buch erkläre ich Schritt für Schritt einzelne Elemente des Tangos und schildere die Abläufe der Bewegungen. Dabei ist es mir wichtig, dass Sie die Führung als Kommunikationsmittel verstehen und einsetzen lernen. Die Führung funktioniert am besten, wenn der Haltung und der Position der Partner zueinander große Aufmerksamkeit geschenkt wird. Deshalb werde ich auf diese Punkte so detailliert wie möglich eingehen und bei den einzelnen Figuren immer wieder darauf zurückkommen. Alexandru Eugen Cristea hat 2017 das Buch „Tango para Profesores" für Tango-Lehrer veröffentlicht, in dem er systematisch die Bewegungen im Tango strukturiert. Das ist ein sehr nützlicher Zugang, aber er setzt voraus, dass man solide Kenntnisse hat, die man anschließend in eine Struktur bringt.

Tanzhaltung

Wenn Sie sich bei einer Milonga treffen und sich gerne bei der Begrüßung gegenseitig umarmen, ist das schon ein guter Start. Es zeigt, dass Sie einander mögen und Ihnen die körperliche Nähe nicht unangenehm ist.

Die Umarmung (Abrazo) als Tanzhaltung muss aber gleichzeitig mehrere Funktionen erfüllen: Sie müssen dabei alleine stehen können, Sie dürfen sich nicht gegenseitig behindern, Sie müssen mit Ihren Körpern kommunizieren können und sollten dabei eine Balance zwischen Körperspannung und Entspannung finden. Mir ist bewusst, dass das schwierig ist, deshalb werden wir uns mit der Umarmung und der Haltung intensiv beschäftigen.

Man kann drei Typen von Umarmungen unterscheiden (modifiziert nach A. E. Cristea): geschlossen (cerrado = milonguero), halb offen beziehungsweise V-förmig (semiabierto = salón) und offen (abierto = nuevo).

Damit Sie eine kurze Zusammenfassung zu wichtigen Punkten der Haltung haben, habe ich eine Checkliste erstellt. Vor und auch während des Tanzes sollten Sie diese Punkte immer wieder prüfen und kleine Korrekturen vornehmen. Dazu müssen Sie den Tanz nicht unterbrechen. Sollten Sie Schwierigkeiten bei Figuren haben, sollten Sie nicht nur über die Schritte nachdenken, häufig ist die Haltung das Problem, das der Weiterentwicklung der Qualität Ihres Tanzes Grenzen setzt. Zunächst widmen wir uns aber den einzelnen Körperregionen.

Füße

Wenn wir die Haltung von unten aufbauen, beginnen wir natürlich mit den Füßen (Pies). Der Fuß sollte grundsätzlich leicht nach außen gedreht sein, das Gewicht ist über dem Fußballen und tendenziell eher auf der Innenkante des Fußes (zwischen erstem und zweitem Mittelfußknochen). Die Füße hängen nicht am Ende des Beins einfach dran, sie sollten gezielt gesetzt werden. Gute Tänzer können unterschiedliche Stile haben, aber gemeinsam ist ihnen die Kontrolle über ihren Körper bis in die Fußspitzen (und die Fingerspitzen) hinein. Abgesehen von Verzierungen wie Ganchos und Boleos (dazu später mehr), sollten die Füße bei den einzelnen Schritten und Aktionen nur knapp über dem Boden bleiben. Dadurch vermeidet man Verletzungen bei sich und anderen. Wenig kontrollierte Bewegungen können schnell eine Unwucht auslösen und die Balance beziehungsweise die Achsen stören. Es genügt, wenn die Frau mit der Energie „arbeitet", die ihr der Impuls der Führung vermittelt.

Knöchel

Beinbewegungen sollten so durchgeführt werden, dass sich die eigenen Knöchel (Tobillas) „suchen". Es wird also das Bein am jeweils anderen eng vorbeigeführt. Auch in eingekreuzter Position sind die eigenen Knöchel eng beieinander. Grundsätzlich ist eine neutrale Position im Sprunggelenk anzustreben, um das Gelenk nicht falsch zu belasten. Bei Verzierungen mit dem unbelasteten Fuß wird er eher nach innen geneigt und die Innenkante geringfügig mehr belastet, weil man sich sonst tendenziell o-beinig bewegt.

Knie

Für die Knie (Rodillas) gilt das Gleiche wie für die Knöchel: Die Knie sollten nicht nach außen gedreht sein. Außerdem sollten die Knie so stark gebeugt sein, dass sie einen ausreichend langen nächsten Schritt erlauben. Mit völlig durchgestreckten Knien können Sie keinen Schritt machen.

Die Standardtänzer unter Ihnen müssen hier radikal umdenken, denn die Knie sind im Vergleich zum Standard-Tango nur minimal gebeugt. Die Fußspitzen sind auch nicht um wenige Zentimeter versetzt, sondern auf gleicher Höhe.

Hüfte

Traditionell wird die Hüfte (Caderas) kaum eingesetzt. Fantastische Tänzerinnen haben das allerdings ignoriert und den Tanz verändert. Das ist aber ebenso schwierig wie andere Innovationen im Tango Nuevo.

Wenn man sich darauf einstellt, dass die Beine der Frau im Wesentlichen nur nach vorn und zurück sowie auf die Seite schwingen, ist die Führung einfacher. Man führt über den Schultergürtel, bewirkt damit eine Verdrehung der

Hüfte und weiß, dass die Beine nun nur vor oder zurück schwingen. Die Richtung gibt man über den Impuls des Rumpfs über den Schultergürtel vor. Wurde nun vielleicht eine Bewegung gestartet, muss man aber auch wieder landen und Bodenhaftung bekommen, um den nächsten Kontakt- oder Drehpunkt zu haben. Wenn die Beine elegant irgendwohin schwingen oder gestreckt werden, so ist das auch nur Teil eines Schritts. Das heißt, am Ende muss das Gewicht auf das bewegte Bein übertragen werden. Auch Anfängerinnen können gut führbar sein und schön tanzen, wenn sie immer wieder zurück auf den Boden finden. Sie müssen einfach nur einen Schritt nach dem anderen im Takt setzen. Für die jeweilige Richtung ist der Mann verantwortlich.

Bauch

Die Hüfte wird durch Anspannen der Bauchmuskeln und der Po-Muskeln vorn so nach oben gekippt, dass der Bauch (Vientre) etwas flacher beziehungsweise eingezogen wird. In entspannter Haltung wären die Bänder im Hüftgelenk verdrillt, und das Gelenk wäre ohne Kraftanstrengung stabil in dieser Position, allerdings auch recht unbeweglich. Man sollte weder den Bauch schlapp hängen lassen noch eine unbewegliche Hüfte haben, das erfordert aber ein wenig Anstrengung.

Brust

Die Brust (Pecho) ist dem Partner zugewandt. Der Brustkorb soll leicht angehoben werden, man atmet aber dennoch ruhig weiter. Über die mindestens anfänglich synchronisierte Atmung kann man sich übrigens mit wenigen Atemzügen gemeinsam auf den Tanz vorbereiten und einstimmen. Wie nahe die Frau dem Partner kommen möchte, steuert sie über die Distanz an ihrer linken Seite. Körperkontakt kann tänzerisch hilfreich sein, aber verständlicherweise will man das nicht immer beziehungsweise in unterschiedlichem Ausmaß. Generell sollen Männer nichts – schon gar nicht körperliche Nähe – erzwingen.

Rücken

Der Rücken (Espalda) sollte aufrecht und gerade sein. Das ist gut für die Achse und unsere Wirbelsäule. Insbesondere im Tango milonguero sieht man manchmal bei Tänzerinnen ein recht ausgeprägtes Hohlkreuz und eine relativ große Entfernung der Partner im Bereich der Füße. Das führt zu einer erheblichen Belastung in der Wirbelsäule und sollte vermieden werden. Es mag früher so getanzt worden sein, aber das kann traditionsbewussten Argentiniern und ihren Shows vorbehalten bleiben.

Schultern

Der Schultergürtel ist grundsätzlich in der gleichen vertikalen Ebene wie das Becken (denken Sie an ein aufgestelltes Bügelbrett). Nur so kann eine Bewegung von oben bis in die Füße kommen. Bei einer unabsichtlichen, unkontrollierten Verdrehung im Rumpf würde die Energie absorbiert oder fehlgeleitet werden. Die Schultern (Hombros) sind möglichst entspannt und nach unten gezogen. Es wird ein stabiler Kontakt zwischen den Partnern über den rechten Arm und die Brust des Mannes sowie der korrespondierenden linken Seite der Frau aufgebaut. Dabei schiebt der Mann seine rechte Schulter etwas nach vorn der Frau entgegen. Im Schultergürtel gibt es zwar engen Kontakt, die Füße müssen aber dennoch genug Platz haben, um sich zu bewegen. Daraus ergibt sich die A-Position. Der Abstand ist aus Sicht des Mannes links also größer als rechts, und die Partner bilden von oben betrachtet ein V.

Arme

Die Verbindung über die Arme (Brazos) muss stabil sein, aber in vielen Figuren ist eine gewisse Flexibilität hilfreich. Werden die Arme in einer unnatürlich hohen Position gehalten oder die Ellbogen nach außen und hinten gedreht, besteht die Gefahr, dass die Führung ins Leere geht. Außerdem wird die Stellung der Schulter in ungünstiger Weise verändert. Mit dem rechten Arm gibt der Mann den seitlichen Rahmen für die Frau vor, damit sie vor ihm bleibt.

Der rechte Arm des Mannes umfasst den Rücken der Frau, der Unterarm ist horizontal, die Handfläche unterhalb der Achsel der Frau. Der linke Arm der Frau sucht sich einen bequemen Platz am Nacken, an der Schulter oder am Rücken des Mannes. Entscheidend ist, dass die „Information" gut vermittelt wird und Sicherheit sowie Stabilität gegeben werden. Es wäre nicht ökonomisch, mehr Kraft als unbedingt erforderlich einzusetzen.

Hände

Bewegungen werden primär mit dem Oberkörper geführt, aber die Bedeutung der Hände (Manos) ist nicht zu vernachlässigen. Sie sind wichtige Kontaktpunkte und für die Führung eminent wichtig. Der Schultergürtel soll bis in die Finger stabil sein, aber dennoch seine Flexibilität behalten. Über die Hände wirken Druck- und Zugkräfte, also sollten die Gelenke in einer Position sein, in der Sie die normalerweise eigentlich geringen Kräfte gut übertragen können. Die linke Hand des Mannes hält die rechte Hand der Frau in der Mitte zwischen den Partnern etwa auf Schulterhöhe des Mannes. Die Ellenbogen zeigen nach unten und sind vor dem Körper. Es ist besser, wenn der Mann mit seiner linken Hand nicht die Hand der Frau nach hinten im Sinne einer Dorsalflexion, also in Richtung des Handrückens, biegt, sondern wenn beide Partner ihre Hände in einer neutralen Mittelstellung haben. Auch der Daumen des Herrn kann in Gefahr geraten, wenn die Frau sich auf den Daumenballen ihres Partners stützt und nicht die gesamte Hand ergreift. Die Seitenbänder im Daumengrundgelenk können leicht gezerrt werden. Während der Durchführung von besonders schwierigen Figuren nimmt man die Hände eher weiter nach unten.

Kopf

Der Mann ist der Führende, die Frau kann den Tanz mit geschlossenen Augen genießen. Das bedeutet hohe Verantwortung für den Mann. Insgesamt ist es aber besser, wenn die Frau die Augen offenhält, um auch die Umgebung wahrzunehmen. Damit der Mann das Geschehen richtig einschätzen kann, muss er sich umsehen. Rechts hat er allerdings „Scheuklappen" beziehungsweise den Kopf (Cabeza) der Frau, außer er ist wesentlich größer als die Partnerin. Der Mann hat den Blick leicht nach links geneigt, und die Nasenspitze bleibt oben.

Die Frau kann die Kopfhaltung nach Belieben selbst wählen. Bitte drücken Sie aber nicht gegen die Stirn des Partners. Der Kontakt mit der Frau an der Stirn kann recht romantisch sein, aber dann bleibt noch ein Problem mit der Achse. Ein stark gebeugter Kopf ist nicht hilfreich, und Druck kann im Genick sogar schmerzhaft sein.

Wie Sie heraushören können, sitze ich zu oft vor Computern, und mein Genick hat darunter gelitten. Ich müsste noch häufiger Tango tanzen.

Damit man einen besseren Überblick bewahrt, kann man Drehungen einbauen, die Blicke in alle Richtungen zulassen.

Vor und während des Tanzes sollte man die Haltung immer wieder kontrollieren und verbessern. Eine Checkliste zur Haltung finden Sie deshalb in Tabelle 1. Wenn Sie beim Erlernen einer Figur Probleme haben, muss das nicht an den Schritten liegen, die Ursache kann auch eine nicht ideale Haltung sein.

Tabelle 1. Checkliste für die Haltung

Position
Die Körper sind in gerader, aufrechter Position, sie stehen sich gegenüber.
Der rechte Arm des Mannes umfasst den Rücken der Frau.
Die linke Hand des Mannes hält die rechte Hand der Frau in der Mitte zwischen den Partnern etwa auf Schulterhöhe des Mannes. Die Ellenbogen zeigen dabei nach unten und sind vor dem Körper.
Die Körper der Partner stehen links etwas geöffnet voreinander.
Die Frau steht etwa fußbreit an die rechte Seite des Mannes verschoben.
Die Wirbelsäule bleibt gerade.
Die Schultern sind entspannt und nach unten gezogen.
Der Brustkorb ist leicht angehoben.
Die Beine sind gestreckt, aber nicht durchgestreckt.
Die Fußspitzen zeigen etwas nach außen.
Das Gewicht ist über dem Fußballen.

Bevor Sie den ersten Schritt setzen, müssen Sie den richtigen Kontakt zur Partnerin finden. Danach sollten Sie aber diesen Kontakt und die Haltung nicht mehr verlieren! Häufig bricht die Haltung schon nach einem Schritt zusammen, und damit kann es keinen schönen Ausgang geben. Das liegt oft daran, dass die leichte Neigung der Wirbelsäule nach vorn (A-Position) von der Frau aufgegeben wird oder das Gewicht nicht über dem Fußballen bleibt.

Die Impulse (Marca) der Führung über den Schultergürtel müssen bis in die Füße übertragen werden. Dazu ist Körperspannung erforderlich, und es darf kein (unabsichtliches) Verdrehen oder Verbiegen der Wirbelsäule geben. Der Mann muss durch die Führung auf die Füße der Frau einwirken können. Das funktioniert nur, wenn der Körper der Frau stabil und mindestens gering angespannt ist. Eine Drehung im Schultergürtel muss eine Drehung auf einem Fußballen zur Folge haben. Das bedeutet also, dass beide eine stabile Achse benötigen.

Für das Einleiten von Bewegungen nutzt man Kontaktpunkte an der rechten Seite der Brust des Mannes und links bei den Händen. In der Regel bewegt sich der Rumpf des Mannes in die gewünschte Richtung, beziehungsweise der Mann bringt die Frau dadurch in die richtige Position. Ein Absenken vor der Bewegung zeigt in seinem Ausmaß auch die mögliche Länge des nächsten Schritts an. Generell sollte man aber auf einer Höhe bleiben.

Ausnahmen gibt es in fast allen Bereichen, aber beim Tanzen mit einer neuen Partnerin sollte man nicht mit Ausnahmen und Irregularitäten beginnen. Das irritiert mehr, als es beeindruckt.

Wo verläuft unsere Achse? Durch den Kontaktpunkt des belasteten Fußes mit dem Boden und den Kopf. Je nach Bewegung mag sich das verschieben, aber dieses

Gedankenmodell hilft in der Regel. Warum? Wird ein Schritt gesetzt, ist zunächst nur ein Fuß belastet, bei Drehungen ist das auch so. Nur kurz ist das Gewicht zwischen beiden Füßen gleich verteilt. Für uns Tangueros ist das wichtig, weil man immer wissen beziehungsweise spüren muss, auf welchem Fuß die Partnerin steht und wie ihre Achse verläuft. Wenn man das nicht berücksichtigt, verliert sie ihr Gleichgewicht oder kann einen Schritt nicht setzen.

Die Partnerin muss für uns die Sonne sein, um die wir kreisen. Nur wenn wir ihre Achse nicht stören, bleibt alles harmonisch. Weil während des Tanzes nur die Partnerin und die Musik zählen, können wir in diese andere Welt eintauchen und den Alltag ausblenden.

Wenn wir fast instinktiv wissen, auf welchem Fuß sie steht, haben wir auch eine erste Idee, wie wir weitertanzen können. Das ist übrigens eine wesentliche Voraussetzung für die Improvisation.

Wie merken Sie, auf welchem Fuß die Frau steht? Zunächst sollten Sie den Gewichtswechsel und jeden Schritt der Frau führen und somit wissen, wo die Füße der Partnerin sind. Die Bewegungen der Schultern können verraten, wie das Becken bewegt wird. Die Verlagerung des Schwerpunkts zeigt die Verlagerung der Achse, die durch den belasteten Fuß beziehungsweise den Drehpunkt geht. Die Bewegungen sind allerdings oft subtil und kaum spürbar.

Diskrepanzen können auch dadurch entstehen, dass die Partner die Musik nicht gleich hören beziehungsweise interpretieren. Wenn sich also noch keine Harmonie beim Paar(tanz) eingestellt hat, kann das Timing der Partner unterschiedlich sein. Ist die Führung nicht vorausschauend, ist die Partnerin „hinter" der Musik, und sie muss versuchen, mehr oder minder ohne Führung zu tanzen. Auch kleinere Missverständnisse durch eine nicht ideale Führung können bewirken, dass die Frau auf dem falschen Fuß steht beziehungsweise nicht auf dem Fuß, mit dem der Mann die angedachte nächste Figur einleiten kann. Es mag auch vorkommen, dass die Frau tatsächlich die Führung nicht richtig umsetzt, weil sie vielleicht ein Tanzelement noch nicht kennt. Meiner Erfahrung nach ist das häufigste Problem, dass die Schrittfolge und das Timing in der Drehung noch nicht bekannt sind. Im Tango ist das aber alles nicht so schlimm. Man kann durch Verdopplungen oder Auslassen eines Schritts diese Differenzen wieder kompensieren oder eine Planänderung vornehmen und die Bewegungen anders fortsetzen.

Fehlerquellen: Haben sie erkannt, wie wichtig die Position der Frau ist, versuchen viele Männer, ihre Füße nicht mehr aus den Augen zu lassen – nicht wegen der schönen Schuhe, sondern weil sie Angst haben, sie würden einen falschen Schritt machen. Was sind die katastrophalen Folgen? Die Haltung klappt auf, die Distanz der Partner wird größer, die Nasenspitze des Mannes zeigt zu den Füßen, die Wirbelsäule wird krumm, die Achse verbogen, die Haltung ist zerstört. Damit sind keine eleganten Figuren mehr möglich.

Größenunterschiede der Partner

Größenunterschiede zwischen den Partnern wirken sich offensichtlich auch auf deren Rücken und in der Führung aus. Die rechte Hand des Partners wird nicht immer an einer idealen Position sein können, also müssen wir einen Kompromiss finden.

Was macht die rechte Hand beziehungsweise der rechte Arm des Mannes eigentlich? Der rechte Arm hält die Frau davon ab, nach hinten zu gehen, unterstützt bei der Drehung und gibt den seitlichen Rahmen an der linken Seite der Frau vor. Wo auch immer unsere Hand liegt, sie muss diese Aufgaben erfüllen können. Je nachdem, wie weit Sie um die Partnerin herumgreifen (können), geben Sie auch den Rahmen auf ihrer rechten Seite vor, indem Sie Ihre Hand etwas unterhalb ihrer rechten Achsel haben. Die Handfläche liegt also auf der rechten Seite des Brustkorbs der Frau, etwas unterhalb der Achsel, während der Unterarm am Rücken anliegt. Dabei stellt die Handfläche auch den Rahmen für die rechte Seite der Frau dar. Das funktioniert natürlich nur in enger Tanzhaltung und wenn die Proportionen der Partner es zulassen. Üben Sie mit der Hand keinen großen Druck aus. Soll die Frau nach hinten gehen, werden Sie den Druck auf ihren Rücken noch weiter verringern und ihr die Bewegungsfreiheit lassen, die sie wünscht. Liegt die Hand fast schon in Höhe der Nieren oder in der Taille der Frau, dann ist zu viel Druck noch unangenehmer und irritiert die Partnerin. Die Hand ist auch bei idealen Größenverhältnissen nie immer an derselben Stelle, sondern dort, wo es für die Durchführung einer Figur jeweils praktikabel ist. Insofern hat man bereits Vorerfahrungen mit verschiedenen Handpositionen, und Größenunterschiede der Partner sind ein geringeres Problem als oft befürchtet. Bleiben Sie also mutig, wenn die Proportionen nicht auf den ersten Blick ideal für den Tango erscheinen. Vielleicht erwartet Sie eine schöne kleine oder große Überraschung.

Training

Hat man einen festen Tanzpartner, sollte man darauf achten, dass Schwierigkeiten mit dem Tanz nicht die Beziehung beeinträchtigen. Jeder gibt sicher sein Bestes. Unsere Fähigkeiten und Erfahrungen sind unterschiedlich, aber die Partner wollen gemeinsam tanzen. Einigen Sie sich vorab darauf, was Sie gerade üben wollen. Mehrere Dinge gleichzeitig zu üben wird am Anfang nicht funktionieren. Also sollten Sie zuerst langsam die Schritte üben, die Gewichtsverlagerung, die Achsen ausrichten, das Timing und die Führung ausprobieren. Man muss die Bewegungen spüren und den Körper in Relation zur Partnerin positionieren. Manchmal ist es besser, die Schritte zunächst alleine und langsam zu üben. Gewöhnen Sie sich an, möglichst bald nicht mehr auf die Füße zu schauen. Tanzen Sie in der richtigen Tanzhaltung, seien Sie vorsichtig und hören Sie auf die Rückmeldung Ihres Gegenübers. Erzwingen Sie keine Bewegungen. Wenn sich etwas nicht gut anfühlt, stimmt vermutlich etwas nicht.

Wenn Sie sich sicher sind, dass beide alles richtig machen, die Figur aber nicht gut aussieht und sich auch nicht gut anfühlt, lassen Sie es einfach. Machen Sie sich Notizen und probieren Sie die Figur mit großem zeitlichem Abstand wieder. Ihr Stil und Ihr Verständnis für den Tango werden sich verändert haben, und eine erneute Prüfung kann nicht schaden. Es hilft auch, wenn Sie die Schritte des jeweils anderen lernen. Als Mann müssen Sie wissen, welche Schritte die Frau machen soll, sonst können Sie ihre Schritte nicht führen.

Jegliches Training sollte abwechslungsreich sein, damit unser Geist und unser Körper flexibel und gefordert bleiben. Der Aufbau muss aber einige grundsätzliche Punkte berücksichtigen, die spezielle Funktionen haben.

Am Anfang sollte man in irgendeiner Form die Muskulatur aufwärmen. Das kann man durch langsames Eintanzen oder gymnastische Übungen erzielen. Zwei Tänze oder etwa fünf Minuten Aufwärmen sollten genügen, wenn man insgesamt nicht viel Zeit zur Verfügung hat. Man könnte sich nun direkt mit einer Kombination von Figuren beschäftigen. Es ist aber sinnvoll, sich im ersten Teil einer Trainingseinheit mit basalen Elementen zu beschäftigen. Das Gehen (Caminar) bietet sich natürlich als Übung an. Worauf sollte man dabei achten?

Die Schritte sollen den Impuls und die Intention der Bewegung vermitteln, indem man sich entsprechend abdrückt und den Körper (abstrahiert: die Achse) nach vorn bewegt. Wir setzen den Fuß und suchen den nächsten Kontaktpunkt mit dem Boden, wo wir die Energie übertragen und sammeln. Jeder Schritt erfolgt kontrolliert, und man sollte jederzeit stoppen können. Wir versuchen, mit dem Rumpf auf einer Höhe zu bleiben. Die Haltung kann übrigens stets vor dem Spiegel von vorn und von der Seite kontrolliert werden.

Wenn sich ein Raubtier anschleicht, bleiben die Augen zielgerichtet auf die Beute gerichtet und der Kopf auf einer Höhe. Wir jagen zwar beim Tango nicht, aber wir sind fokussiert und konzentriert. Das drückt die gesamte Haltung aus.

Man kann das Gehen anschließend paarweise üben und abwechselnd vor, links oder rechts von der Partnerin gehen und eventuell die Rollen tauschen.

Das Tauschen der Rollen ist hin und wieder sinnvoll, damit man weiß, wie schwierig die Rolle des jeweils anderen ist und wie man sich gegenseitig unterstützen und Fehler vermeiden kann.

Das alles kann man mit unterschiedlicher Musik und in unterschiedlichem Tempo und Rhythmus tanzen. Ein weiteres Beispiel sind Ochos. Ochos sind kurz gesagt Schritte, die mit einer anschließenden Drehung über den Fußballen kombiniert werden. In den Lateintänzen nennt man das „Swivel". Frauen und Männer können Ochos mit und ohne Verzierungen nach vorn und zurück immer wieder üben. Im Prinzip kann man jedes tänzerische Element separat üben. Das können zum Beispiel die Schrittfolgen von Molinete und Giros sein oder Verzierungen wie der Lapiz.

Mit dem Üben einzelner Elemente kann man zehn Minuten oder mehrere Stunden verbringen, aber die meisten können sich ungefähr eine Stunde gut konzentrieren, also sollte das „In-den-Tanz-Kommen" auch nur circa zehn Minuten dauern. Spätestens jetzt wird man sich entscheiden müssen, welchen Tango-Stil man üben möchte. Alles auf einmal wird nicht funktionieren. Es hilft, wenn man die Elemente beim Namen nennen kann und sich nicht nur eine Abfolge einzelner Schritte nach Zahlen merken muss. In der Regel wird man bekannte Grundelemente neu arrangieren.

Lernt man völlig neue Bewegungsabläufe, kann man auf folgende Punkte achten:

Welche Haltung (offen, geschlossen, halb offen) nimmt man als Paar dabei ein?

Wie erfolgt der Einstieg in die Figur?

Auf welchem Fuß liegt jeweils das Gewicht, und wie wird es verlagert?

Wo verlaufen die Achsen, und wie verändern sie sich?

Gibt es Besonderheiten in der Führung?

Wie sind die Positionen der Körper zueinander?

Wie ist das Timing der Bewegungen?

Welche Ausgänge sind passend?

Andere Themen für das Training könnten zum Beispiel die unterschiedlichen Tango-Orchester sein, die jeweils eine etwas andere Art zu tanzen nahelegen. Am Schluss der Tanzeinheit ist es immer schön, wenn man noch einige Tangos frei tanzen kann, um einfach die Musik zu genießen.

Spiegel

In fast jedem Tanzsaal gibt es Spiegel. Der Grund dafür ist, dass das Körpergefühl trügerisch ist und man visuell kontrollieren muss, ob Haltung und Bewegungen korrekt sind. Das mag für gewisse Übungen gut funktionieren, aber sobald Sie in den Spiegel schauen, verändern Sie die Körperhaltung. Das ist unpraktisch und irreführend, außerdem haben Sie im Wohnzimmer vermutlich keinen ausreichend großen Spiegel zur Verfügung. Für Technikübungen sind Spiegel aber durchaus gut geeignet.

Video

Sehr gute Alternativen zum Training vor dem Spiegel sind Videoaufzeichnungen. Mit jedem Handy und einem kleinen Stativ ist das machbar. Leider werden Sie auch hier häufig nicht die ganze Wahrheit sehen: Auf der Milonga tanzen Sie sehr wahrscheinlich anders als im Trainingsraum. Vielleicht tanzen Sie dort sogar schöner, weil der Boden und die Musik besser sind und die Atmosphäre sie inspiriert. Wie auch immer, eine Videokontrolle halte ich für sehr hilfreich. Als Gedächtnisstütze im Unterricht setzen Sie Ihr Mobiltelefon vermutlich schon jetzt ein.

Mindestens im privaten Umfeld sollten Sie Trainingskleidung benutzen, die die Beurteilung der Körperbewegungen erlaubt. Wenn Sie die Konturen Ihrer Körper in wallender, langer Kleidung nicht mehr erkennen können, hilft Ihnen auch keine Videokontrolle.

Schuhe

Wenn Sie im Gebirge wandern, ist es klar, dass je nach Gelände entsprechendes Schuhwerk erforderlich ist. Beim Tanzen ist das auch so: Je nach Tanz werden unterschiedliche Tanzschuhe getragen, und das aus guten Gründen: Beim Standardtanzen wird bei den Rückwärtsschritten häufig über die Ferse „abgezogen", also über den Absatz abgerollt. Bei den Lateintänzen steht man hauptsächlich über dem Ballen, macht flache Schritte. Getanzt wird primär auf Parkettböden. Tango tanzt man auf öffentlichen Plätzen, in Turnhallen und anderen Räumlichkeiten, die nicht speziell für das Tanzen konzipiert sind. Deshalb haben normale Tanzschuhe meist Rauledersohlen und Tango-Schuhe glattes Leder, das robuster ist. Das Gewicht ist beim Tango meist über dem Ballen, dennoch gibt es Schritte mit belastetem Absatz.

Was zieht man also an? Soweit ich die Erfahrungen der Frauen mitbekommen habe, sind einerseits die traditionellen Tanzschuhe aus Buenos Aires angenehm, aber auch typische Lateinschuhe haben eine gute Qualität und stabilisieren den Fuß (soweit das mit höheren Absätzen möglich ist). Ich selbst tanze gerne in Schuhen, die weich sind und in denen ich den Fuß leicht strecken kann. Lateinschuhe mit höherem Absatz haben den Vorteil, dass man dann fast automatisch über dem Ballen steht. Trägt man häufig solche Schuhe, sollte man die Wadenmuskulatur regelmäßig dehnen. Für das Training zu Hause kann man natürlich auch dicke Socken anziehen und im Trainingsraum flache Schuhe.

Sie werden eine gute Tanzfläche schätzen lernen. Der Boden muss glatt genug sein, dass Sie gleiten und sich leicht drehen können, gleichzeitig müssen Sie genug Haftung haben, damit Sie die Kräfte übertragen können und nicht wegrutschen. Ist der Boden zu stumpf, geht das auf die Gelenke. Je nach persönlicher Konstitution kann das im Sprunggelenk, im Knie oder in der Hüfte schmerzen.

Bewegungen

Es ist schwierig, Bewegungen (Movimientos) von zwei Menschen durch Raum und Zeit in Textform zu beschreiben. Auch Tabellen, Bilder, Grafiken und Videos sind nur Hilfen. Nichts kann einen guten Lehrer und wohlmeinende, erfahrene Tanzpartner ersetzen.

Die folgenden Kapitel habe ich nach aufsteigendem Schwierigkeitsgrad sortiert. Es sollte damit möglich sein, rasch ein solides Repertoire aufzubauen, mit dem man recht bald auf Milongas tanzen kann. Sind Figuren für den Anfang zu schwierig, wird man sie vielleicht mit Fleiß erlernen können. Das wird aber nicht dazu führen, dass man zu improvisieren lernt. Es sind die kleinen Elemente, die man in seinem „Baukasten" benötigt, um kreativ tanzen zu können. Andernfalls wird es eine beliebige Abfolge der immer gleichen, auswendig gelernten Figuren.

In den nächsten Kapiteln wird zunächst der Grundschritt mit Varianten beschrieben, die alle wichtig für das Tango-typische Gehen (Caminar) sind.

Danach geht es im Detail um den Ocho, weil dabei in der Regel nur die Frau Drehbewegungen durchführt.

Im nächsten Abschnitt werden einige Verzierungen erläutert, die auch ohne Kenntnis von Drehungen durchgeführt werden können.

Meiner Erfahrung nach ist das Erlernen der Drehungen ein wichtiger Meilenstein beim Erlernen des Tangos. Deshalb unterscheide ich hier gewissermaßen eine Zeit vor Kenntnis von Drehungen und einem Niveau, auf dem

Drehungen beherrscht werden. Mit den Drehungen haben Sie viele neue Möglichkeiten.

Wenn eine Frau noch keine Drehungen gelernt hat, dann sollten Sie als Mann eher keine der in den folgenden Kapiteln beschriebenen Figuren auf Milongas versuchen! Das würde Ihre Partnerin nur unnötig kompromittieren und Sie selbst frustrieren, weil es sehr unwahrscheinlich ist, dass Ihre Partnerin alleine aufgrund ihrer tänzerischen Intuition diese Bewegungen spontan richtig durchführen kann.

Basierend auf guten Grundkenntnissen werden im nächsten Abschnitt Drehungen in verschiedenen Varianten präsentiert. Die Drehungen werden dann mit Elementen wie Sacadas und Enrosques verbunden. Gehen, Drehungen und einige Verzierungen sind nun bekannt, und es werden diverse Kombinationen dieser Elemente als Beispiele angeführt. Im nächsten größeren Kapitel geht es um den Tango milonguero mit seinen typischen Figuren. Schließlich werden auch Vals, Milonga und Tango Nuevo vorgestellt.

Bei der Darstellung der Bewegungsabläufe orientiere ich mich im Folgenden an Tabellen und Definitionen der World Dance Sport Federation (WDSF, 2018). Es gibt von der WDSF einen Band für den Tango, aber dort geht es nicht um den argentinischen Tango, und die Unterschiede zwischen Standardtango und Tango Argentino sind markant.

Englisch ist die dominante Sprache in der Welt der Latein- und Standardtänze. Im Tango-Argentino-Unterricht wird oft eine Mischung aus Englisch, Spanisch und anderen Sprachen benutzt. Die Abkürzungen verwenden wir für die tabellarische, verkürzte Darstellung, die Ausdrücke für den Unterricht in Workshops (Tabelle 2). In den danach folgenden Beschreibungen der Elemente in Text und Tabelle skizziere ich die einfachsten mir bekannten Schrittfolgen, die Sie mit anderen kombinieren können. Wenn wir anschließend daraus Abfolgen von Figuren zusammenstellen, helfen diese kleinen Elemente, weil Sie mit ihnen schneller die nötigen Anpassungen in der Improvisation auf der Tanzfläche umsetzen können. Muss immer erst eine lange Folge von Schritten abgelaufen werden, können Sie auf die aktuellen Rahmenbedingungen nicht rasch genug reagieren. Interpretiert Ihre Partnerin Ihre Führung anders als erwartet, können Sie mit kleinen Änderungen sofort etwas Neues daraus kreieren. Dazu können Sie zum Beispiel doppeltes Tempo tanzen, halbes Tempo, eine Parada führen usw.

Es gibt unzählige Varianten selbst der Basiselemente, bitte erwarten Sie also keine Vollständigkeit in meinen Aufzeichnungen.

Tango de Salón

Der Tango de Salón wird auch als Salon-Tango bezeichnet. Diese Form des Tangos ist der derzeit am häufigsten getanzte Stil. Sie werden ihn in der Regel auf jeder Milonga sehen. Tango milonguero (Milonga) und Vals werden seltener gespielt. Die Musik sollte bestimmen, in welchem Stil Sie tanzen. Allerdings ist es dazu erforderlich, dass Sie Elemente und den Stil der jeweiligen Unterart des Tangos erlernen und anwenden. Vertrauen Sie dem Orchester beziehungsweise dem DJ, dass eine ausgewogene Balance der Musikrichtungen und Stile über die Dauer der Veranstaltung (Milonga) gefunden wird. Die Grenzen zwischen den Stilen sind fließend, und Sie können nach eigenem Geschmack ein wenig mischen. Sie werden ohnehin schnell merken, dass die tänzerischen Elemente jeweils eine musikalische Heimat haben, in die sie besser passen.

Schritte

Schritte (Pasos) können vor, zurück und auf die Seite gesetzt werden. Dazu kommt noch der Pivot(e). Das ist eine Drehung auf dem Fußballen für eine Richtungsänderung, zum Beispiel im Ocho. Die Schrittlänge hängt vom Impuls der Führung ab, und diese wiederum muss sich an den räumlichen Gegebenheiten orientieren. Man senkt den Körper umso weiter ab, je weiter man das Bein strecken möchte. Wenn die Tanzfläche überfüllt ist, sind lange Schritte nicht machbar. Hat man die Fläche nahezu für sich, kann man als Frau das

Bein weit nach hinten strecken und dabei auch die gesamte jeweilige Körperseite strecken. Dabei wird der Fuß an der Innenkante auf Höhe des Fußballens am Boden entlang nach hinten geschoben. Der Fuß ist leicht nach außen gedreht und kaum belastet. Dann sucht man den Kontaktpunkt mit dem Boden und überträgt das Gewicht auf diesen Fuß, der nun zum neuen Standbein wird. Das Standbein ist übrigens das Bein, auf dem das Körpergewicht ruht, das Spielbein ist unbelastet und kann Bewegungen durchführen. Große Schritte sind nur dann elegant, wenn sie technisch und musikalisch sinnvoll und kontrolliert sind. Gestreckte Beine werden meist als schön empfunden, und in vielen Positionen beziehungsweise Posen sollte mindestens ein Bein gestreckt sein. Wie die Beinstellung im konkreten Fall aussehen kann, werden wir bei den einzelnen Tanzelementen sehen.

Die Füße sind grundsätzlich mit der Spitze etwas nach außen gedreht; damit hat man eine etwas größere Standfläche und mehr Stabilität. Wie der Fuß am Boden aufgesetzt wird, hängt von der Stilrichtung und dem Ablauf einer Figur ab. Meist ist das Gewicht eher über dem Fußballen. Fersenschritte kommen beim Vorwärtsgehen vor, sie werden aber meist nicht so deutlich wie im Standardtanz gesetzt. Der Fuß wird also in der Regel etwas flacher gehalten. Oft sucht der Fuß ein wenig gestreckt mit dem Vorfuß den nächsten Kontaktpunkt mit dem Boden. Dieses vorsichtige Vorgehen hat den offensichtlichen Vorteil, dass man dem anderen nicht so leicht auf die Füße tritt, sondern das Terrain sondiert und erkundet. Die Frau geht auch bei einigen Schritten über den Absatz, dabei ist natürlich wegen der meist hohen Schuhe Vorsicht geboten. Das Abrollen über den Absatz kann die Frau auch in Verzierungen einbauen.

Vorbereitende Schritte

In den Standardtänzen verwendet man zu Beginn eines Tanzes sogenannte Preparation Steps. Diese vorbereitenden Schritte helfen, dass man nicht in den ersten eigentlichen Schritt hineinfällt, in die Musik findet und die Haltung ausgewogen wird.

Im Tango Argentino hat man ähnliche Aufgaben und eigene Wege, diese Ziele zu erreichen. Ist die Haltung passend zum Tango-Stil und angemessen zu der Beziehung, die Sie zu Ihrer aktuellen Partnerin haben?

Viele Tangos beginnen mit einer Einleitung, die nicht unbedingt einen markanten Rhythmus hat. Lassen Sie sich und der Musik Zeit, Sie müssen nicht in den Tanz hetzen. Hören Sie der Musik zu und kommen Sie zunächst in Resonanz mit der Musik und Ihrer Partnerin. Dazu kann man vorsichtige, langsame Gewichtswechsel am Platz führen, damit beide wissen, auf welchem Fuß das Gewicht als Vorbereitung für den ersten Schritt sein soll. Das sind behutsame, von außen kaum sichtbare Gewichtsverlagerungen in der Umarmung mit minimalem Bewegungsumfang und kein „Wackeln". Wenn Sie merken, dass die Bewegungen der Frau mit den Ihren im Einklang sind und die Musik dazu passt, sind Sie bereit für den ersten Schritt. Andernfalls nehmen Sie sich noch mehr Zeit und vermeiden Sie einen Fehlstart. In den nachfolgenden Tabellen werde ich die Preparation Steps nicht anführen. Sie werden mit der Zeit immer leichter gemeinsam den Einstieg in einen Tanz finden.

Der erste Schritt

Wir könnten jetzt natürlich sofort mit einem Grundschritt beginnen, wie er weiter unten als Básico beschrieben ist. Sie sollen aber vom ersten Schritt beginnend sehen, dass Sie im Tango mehr Freiheit und mehr Möglichkeiten haben.

Mit dem unbelasteten Fuß können Sie nun den ersten Schritt setzen. Auch wenn es noch mehr theoretische Möglichkeiten gibt, so setzt man aus praktischen Gründen entweder einen Schritt nach links mit dem linken Fuß oder einen Schritt nach hinten mit dem rechten Fuß. Um jeweils den entsprechenden Fuß frei zu haben, setzen Sie vorab die Preparation Steps. Was bewirkt der Schritt mit rechts nach hinten? Die Frau hat minimal (zwei Schritte) mehr Vorbereitungszeit, bis möglicherweise die ersten Improvisationen beginnen.

Wozu würde man mit dem Schritt nach links beginnen? Man sieht, ob links ein Hindernis ist und wie viel Platz zur Verfügung steht. Was hinter einem passiert, weiß man nicht so genau. Man vermeidet mit dem Seitschritt also eventuell einen Zusammenprall. Warum geht man nicht nach vorn? Dort steht in geringem Abstand Ihre Partnerin, und wenn Sie sich nicht absolut sicher sind, dass Sie Ihren Führungsimpuls (Absenken, Spannung aufbauen usw.) verstehen wird, sollten Sie nicht riskieren, ihr schon beim ersten Schritt auf die Füße zu treten. Sie müssen also bereits den ersten Schritt führen.

Beginnen wir mit einer Alternative für den Einstieg mit dem linken Fuß: Sie können mit dem unbelasteten linken Fuß Verzierungen machen und erst nach einer Weile (zum

Beispiel nach drei Taktschlägen) den ersten Schritt tatsächlich mit Gewichtsverlagerung auf den linken Fuß setzen.

Wenn Sie Schritte setzen, können Sie mit einem leichten Absenken beginnen. Sie sollten aber vermeiden, bei jedem Schritt auf und nieder zu gehen. Das funktioniert, indem man die Knie nicht völlig durchstreckt und dadurch eine gewisse Bewegungsreserve hat.

Damit im Tanz die nötige Kontinuität in der Bewegung ist, sollte die Führung ruhig und stabil sein und der Rumpf mit dem Kopf etwa in der gleichen Höhe bleiben. Man kann Ausnahmen machen, aber wir müssen verhindern, dass dabei die Verbindung mit der Partnerin gestört wird oder ein unharmonisches Gesamtbild entsteht.

Der zweite Schritt:

Sie ahnen es vermutlich schon: Beim zweiten Schritt haben Sie wieder diverse Möglichkeiten.

Der rechte Fuß kann zum Beispiel herangezogen und belastet werden, man kann vorn einkreuzen, hinten einkreuzen oder diagonal nach links vorn gehen. Zusätzlich kann man einen Pivot machen, also eine Drehung auf dem Fußballen des linken Fußes. Damit dreht man auch die Frau, womit insgesamt eine Richtungsänderung erfolgt.

Básico

Der Tango-Grundschritt wird auch Base, Paso básico oder einfach Básico genannt (Tabelle 3). Das ist die Schrittkombination, die vermutlich jeder Anfänger als Erstes im Tango erlernt. Insbesondere in Tanzschulen werden gerne diese Schritte nummeriert, um den Schülern die Anknüpfungspunkte für diverse weitere Kombinationen anzuzeigen. Es heißt dann zum Beispiel, nach der „Drei" machen wir diesen oder jenen Schritt. Das hat nützliche Aspekte und mag manchem helfen, deshalb habe ich die Nummerierung der Schritte auch in den Tabellen beibehalten. Anfänger müssen zunächst jeden einzelnen Schritt erlernen.

Ich selbst nutze dieses System ungern, weil ich meine Schritte in der Regel nicht mehr zähle. Wenn ich beim Üben über einzelne Schritte sinniere, dann hauptsächlich, um den richtigen „Einstieg" in eine Figur zu finden. Ich denke in Elementen, die sich aus einigen wenigen Schritten zusammensetzen. Während des Tanzens habe ich flüchtige, vage Ideen für Folgen von Figuren für den Moment, die durch die kleinen Einflüsse von außen während der Durchführung der Figuren sofort mit einer Improvisation modifiziert werden. Dazwischen fallen mir andere Figuren ein, die ich anschließend einbauen möchte. Ergibt sich dazu passend zur Musik die Gelegenheit mit der richtigen Position der Körper zueinander im Paar, setze ich die ursprüngliche Idee um, ansonsten verschiebe ich den „Plan" auf einen besser geeigneten Zeitpunkt. Was meine ich mit „Plan" oder einer „Idee" in diesem Kontext? Das kann eines der vielen Elemente oder eine der Kombinationen sein, wie ich sie später im Buch erwähnen werde. Es muss berücksichtigt werden, wie die Frau die Führung umsetzt, und das bestimmt auch mit, wie es weitergehen kann. Die Bewegungsenergie soll ungestört fließen können, und das bedeutet oft, dass ein anderer Ausgang oder eine andere Kombination als urspünglich gedacht in der konkreten Situation besser ist. Das mag vielleicht etwas chaotisch oder planlos wirken, aber auf einer vollen Tanzfläche kann man kein fixes Programm an Figuren tanzen. Deshalb ist rasches Reagieren auf alle Rahmenbedingungen essenziell. Die Flexibilität im Handeln wird mit dem Repertoire an Figuren und Verzierungen sowie der Erfahrung auf Milongas größer.

Für dieses Buch muss natürlich jeder einzelne Schritt mindestens für die Männer beschrieben sein. Die Frauen werden in den meisten Fällen bei richtiger Führung wissen, wohin sie gehen sollen. Beim Tanzen bei einer Milonga wäre mir dieses Denken in Zahlen und einzelnen Schritten zu kleinteilig und daher zu langsam. Nutzen Sie bitte den Text und die Tabellen dazu, sich im Training langsam mit einer Figur oder Technik zu beschäftigen, bis die Abläufe reibungslos funktionieren. Erst wenn Sie über einzelne Schritte nicht mehr nachdenken müssen, haben Sie die Bewegungsmuster ausreichend verinnerlicht, um sie bei einer Milonga problemlos anwenden zu können.

Tabelle 2. Fußplatzierung und Fußaktion. Die Tabelle enthält eine modifizierte Liste der Bezeichnungen der World Dance Sport Federation in Englisch mit ihren Abkürzungen und die hier verwendeten deutschen Übersetzungen.

Foot Placement (Abbreviation)	Fußplatzierung (Abkürzung)
Right (R)	rechts seit (R)
Left (L)	links seit (L)
Right Foot (RF)	rechter Fuß (RF)
Left Foot (LF)	linker Fuß (LF)
Diagonally (diag)	diagonal (diag)
Forward (fwd)	vorwärts (vw)
Backward (bwd)	rückwärts (rw)
Right Knee (RK)	rechtes Knie (RK)
Left Knee (LK)	linkes Knie (LK)
Quantity of Turn	**Drehumfang**
1/8 – full turn	1/8 – volle Drehung usw.
Timing	**Schrittdauer**
Slow (2 Beats; S)	halbes Tempo (2 Schläge; L)
Quick (1 Beat; Q)	normales Tempo (1 Schlag; K)
1/2 Beat (&)	doppeltes Tempo (&)
Foot Action	**Fußaktion**
Ball of the foot (B)	Ballen (B)
Heel (H)	Absatz (A)
Foot (F)	Fuß (F)
flat (f)	flach (f)

Die Schritte des Básico:

Der Mann beginnt mit dem rechten Fuß und macht einen Schritt zurück, die Frau folgt mit dem linken Fuß und macht einen Schritt nach vorn. Dann geht der Mann mit dem linken Fuß nach links und die Frau entsprechend mit dem rechten Fuß nach rechts. Diese Schritte werden flach getanzt, wobei das Gewicht über dem Ballen ist. Der Mann geht nun mit dem linken Fuß mit einem flachen Fersenschritt gerade nach vorn, die Frau mit dem rechten Fuß nach hinten. Der nächste Schritt des Mannes ist wieder geradeaus mit dem linken Fuß, der Fuß wird wie vorhin gesetzt. Die Frau macht einen weiteren Rückwärtsschritt mit dem rechten Fuß. Bei den Rückwärtsschritten der Frau ist das Gewicht hier immer über dem Ballen. Der Mann schließt mit dem rechten Fuß gering verzögert, dreht den Oberkörper ein wenig nach rechts und führt dabei die Frau ins Kreuz. Kreuz (Cruce) wird im Grundschritt der Frau als ein Einkreuzen mit dem linken Fuß vor dem rechten getanzt. Die Füße bleiben auch eingekreuzt flach am Boden, das Gewicht bleibt über den Ballen. Damit die Beine im Knie eng geschlossen werden können, sind Knöchel und Knie leicht gebeugt. Dadurch ist der Schwerpunkt weiter unten, und man hat einen relativ stabilen Stand, aus dem heraus viele Bewegungen möglich sind. Der Mann geht mit dem linken Fuß nun weiter nach vorn und die Frau mit dem linken Fuß nach hinten. Durch die leichte Beugung der Gelenke im Kreuz ergibt sich für die Frau hier eine Bewegungsreserve, die für einen entsprechend langen nächsten Schritt nach hinten genutzt werden kann. Insgesamt ist ihr Körper aber gestreckt. Der Mann geht nun mit dem rechten Fuß nach rechts und schließt danach mit dem linken Fuß. Die Frau setzt umgekehrt ihren linken Fuß nach links und schließt mit dem rechten Fuß, indem sie ihn heranzieht.

Tabelle 3. Básico (Grundschritt). Die Schritte sind nummeriert, damit die jeweilige Position als Ausgangspunkt für andere Anknüpfungen dienen kann. Die Fußplatzierung ist die einfachste Beschreibung, wie die Füße gesetzt werden. „Allgemeine Aktion" beschreibt Details zum besseren Verständnis der Bewegung. Die Fußaktion beschreibt, ob der Fuß mit dem Ballen oder der Ferse aufgesetzt werden soll und wie das Gewicht verteilt ist. Die Abkürzungen sind in Tabelle 2 beschrieben.

a) Básico (Mann) = Grundschritt			
Schritt	Fußplatzierung	Allgemeine Aktion	Fußaktion
1	RF zurück	Rückschritt	B flach
2	LF seit	Seitschritt	B flach
3	RF diag vor nach links	Vorwärtsschritt	F flach
4	LF vor am RF vorbei	Vorwärtsschritt	F flach
5	RF heran	RF an LF heranstellen, ins Kreuz führen	B flach
6	LF vor	Vorwärtsschritt	F flach
7	RF seit	Seitschritt	B flach
8	LF heran	Füße schließen	B flach

b) Básico (Frau) = Grundschritt

Schritt	Fußplatzierung	Allgemeine Aktion	Fußaktion
1	LF vor	Vorwärtsschritt	B flach
2	RF seit	Seitschritt	B flach
3	LF diag rück nach rechts	Rückschritt	B flach
4	RF zurück am LF vorbei	Rückschritt	B flach
5	mit links ins Kreuz	mit links vor RF einkreuzen	B flach
6	RF zurück	Rückschritt	B flach
7	LF seit	Seitschritt	B flach
8	RF heran	Füße schließen	B flach

Cruzado

Cruzado bedeutet gekreuzt, und der Básico cruzado ist das gekreuzte System, in dem Mann und Frau die gleichen Füße (also beide jeweils rechts oder links) gleichzeitig setzen. Beim Einstieg in den Cruzado geht der Mann mit dem rechten Fuß zurück, dann mit dem linken Fuß seitwärts. Danach geht er nicht mit dem rechten diagonal vor, sondern er schließt die Füße, indem er den rechten zum linken heranzieht (Tabelle 4).

Im parallelen System macht der Mann mit rechts einen Schritt und die Frau mit links und umgekehrt. Man kann aus diesem parallelen System ins Cruzado-System wechseln, indem man zum Beispiel im doppelten Tempo einen Fuß heranzieht beziehungsweise schließt und mit dem anderen vorgeht.

Tabelle 4. Cruzado (Einstieg ins gekreuzte System).

Es werden die Schritte für den Mann beschrieben, weil nur er hier einen Fußwechsel durchführt.

Cruzado (Mann) - Einstieg ins gekreuzte System			
Schritt	Fußplatzierung	Allgemeine Aktion	Fußaktion
1	RF zurück	Rückschritt	B flach
2	LF seit	Seitschritt	B flach
3	RF heran	Seitschritt	B flach
4	LF vor	Vorwärtsschritt	F flach

Diese wenigen Schritte sind ein Element, das man mit vielen anderen kombinieren kann. Ich führe das hier nicht weiter aus, weil wir nun andere kleine Elemente anschließen werden. Daraus soll später eine Abfolge von Figuren werden. Die Frau macht dabei die gleichen Schritte des Básico wie immer und muss sich nicht darum kümmern, was der Mann mit seinen Füßen macht. Es geht hier nur darum, dass der Mann für sich einen Weg findet, wie er den Fuß wechselt. Durch diese Aktion ist der Mann für nachfolgende Figuren in einer anderen Ausgangsposition.

Diese Schritte genügen als Einstieg in den Cruzado. Wenn ich später in einer Kurzversion nur „Cruzado" schreibe, meine ich genau diese ersten Schritte. Der Ausstieg aus dem Cruzado gelingt, indem man zwei Schritte im doppelten Tempo macht oder einen Schritt auslässt, während die Frau einen Schritt setzt.

Einkreuzen als Verzierung in der Verdopplung

Wenn der Mann eine Verdopplung macht und dabei mit doppeltem Tempo einkreuzt, hat das einige Besonderheiten zur Folge: Man geht anschließend mit demselben Fuß vor, mit dem man begonnen hat, baut eine dynamische Verzierung ein und kann aus dem gekreuzten System ins parallele System zurückkehren oder umgekehrt.

Einkreuzen statt Heranziehen des Fußes

Beginnen wir mit einem Schritt nach links, kann der rechte Fuß nun hinter dem linken eingekreuzt werden. Anschließend könnte man nun mit links nach vorn gehen, oder man bleibt an der Stelle und kreuzt nun mit links wiederum hinter dem rechten Fuß ein (also insgesamt zweimal). Die Spielerei hat also immer auch eine Funktion und ist gleichzeitig eine kleine Verzierung. Während die Füße Verzierungen machen, bleiben die Oberkörper in diesem Fall ruhig und lösen keinen Schritt der Frau aus. Falls die Frau in dieser Zeit ebenfalls Verzierungen macht, sollen diese oben im Schultergürtel auch nahezu unbemerkt bleiben. Die Partner werden aber in der Regel spüren, dass der jeweils andere eine kleine Aktion setzt, und dies berücksichtigen.

Lassen Sie einander Zeit für Spielereien, akzeptieren Sie aber auch, wenn der Fluss der Musik und die Bewegungen des anderen die geplante Verzierung gerade nicht zulassen.

Heben Sie sich Ihre Ideen für später auf und folgen Sie der Musik. Eine erzwungene Pause durch eine unpassende Verzierung (zum Beispiel Gancho) zum falschen Zeitpunkt stört und sieht nicht gut aus. Kleine Verzierungen sind hingegen schnell und ohne große Energie machbar und dadurch flexibler einsetzbar.

Aus eingekreuzter Position in Drehungen

Aus einer gekreuzten Position kann man über beide Ballen die Füße wieder aufdrehen. Dabei dreht man den Oberkörper und leitet damit eine entsprechende Drehung der Frau ein. Ob sich Ihre Füße gegenseitig blockieren, werden Sie schnell merken. Probieren Sie dann das Aufdrehen in die andere Richtung. Ist der linke Fuß vorn, dreht man nach rechts und umgekehrt.

Ohne viele Schritte kann man also nur durch Gewichtsverlagerung vom ersten (und einzigen) Schritt auf den zweiten Fuß die Drehung der Frau führen und begleiten. Nach der Gewichtsverlagerung wäre nun der erste Fuß wieder frei, und man könnte mit diesem Fuß eine Barrida beginnen. Ich habe das neutral formuliert, weil das auf beiden Seiten funktioniert. Ist der rechte Fuß vorn, wird es eine Linksdrehung, ist es der linke, folgt eine Rechtsdrehung.

Wenn ich die Tangueros in Argentinien richtig verstanden habe, wird es als subtil und elegant betrachtet, wenn man mit scheinbar wenig Aufwand und wenigen Schritten interessante Figuren tanzen kann. Dieser minimalistische Ansatz hat zumindest als Abwechslung einen besonderen Reiz.

Baldosa

Die Baldosa ist quasi ein Grundschritt im Rechteck ohne Kreuz der Frau (Tabelle 5). Die Schritte können im normalen Tempo ausgeführt werden, es ist aber genauso möglich, dass man rhythmischer tanzt. Entsprechend kann man das Tempo der Schritte verdoppeln oder halbieren, wie es der Musik am besten entspricht. Man kann die Baldosa auch drehen.

Tabelle 5. Baldosa. Die Schrittfolge entspricht einem verkürzten Grundschritt ohne Kreuz.

Baldosa (Mann)			
Schritt	Fußplatzierung	Allgemeine Aktion	Fußaktion
1	RF zurück	Rückschritt	B flach
2	LF seit	Seitschritt	B flach
3	RF diag vor	Vorwärtsschritt	F flach
4	LF vor (am RF vorbei)	Vorwärtsschritt	F flach
5	RF seit	diag vor	B flach
6	LF heran	Schließen	B flach

Baldosa (Frau)

Schritt	Fußplatzierung	Allgemeine Aktion	Fußaktion
1	LF vor	Vorwärtsschritt	B flach
2	RF seit	Seitschritt	B flach
3	LF diag zurück	Rückschritt	B flach
4	RF zurück	Rückschritt	B flach
5	LF seit	Seitschritt	B flach
6	RF heran	Schließen	B flach

Caminar

Caminar bedeutet gehen beziehungsweise die Art des Gehens. Andere Bezeichnungen sind Caminata (al Compás) und Caminando al Compás. Das Gehen wird als die Basis des Tango Argentino betrachtet. Aus dem Grundschritt kann man in den Cruzado wechseln. Man kann auch beispielsweise im normalen Tempo einkreuzen oder im doppelten Tempo Locksteps machen (hinter dem vorderen Fuß einkreuzen und gleich wieder vorgehen) und danach verzögern. Beim Gehen kann man zwischendurch an die linke Seite der Frau wechseln (Caminata lateral) und danach wieder vor sie gehen.

Da man keinesfalls auf die Füße der Partnerin treten sollte, ist es erforderlich, genau zu wissen, auf welchem Fuß die Frau steht und wo ihre Füße sind. Das ist die Voraussetzung für jegliche Figur im Tango. Verdoppelt man im parallelen System die Schritte gemeinsam, muss man klar den Impuls nach vorn und die Beschleunigung vermitteln (Corrida im doppelten Tempo). Die Führung im Oberkörper muss stabil in der gewünschten Richtung bleiben, und es gibt ein akzentuiertes Counter Body Movement (wird auch als Contra Body Movement bezeichnet). Wie beim normalen Gehen auf der Straße machen die Schultern an dieser Stelle eine Gegenbewegung zu den Füßen. (Setzt man im Alltag den rechten Fuß vor, schwingt der linke Arm vor und die linke Schulter bewegt sich ein wenig nach vorn. Geht der linke Fuß nach vorn, gibt es umgekehrt eine Ausgleichsbewegung mit der rechten oberen Extremität nach vorn.) Geht man im Tango aber an der linken Seite der Frau, muss das Becken dagegen verdreht sein und an der Frau seitlich vorbei zeigen. An dieser

Stelle wird keine Gegenbewegung (kein Counter Body Movement) durchgeführt.

Das Gehen kann subtil und komplex gestaltet werden und zeigt schon viel von der Musikalität und der Erfahrung der Tänzer.

Ocho

Der Ocho ist einer der ältesten Tango-Tanzschritte, bei dem mit den Füßen eine Acht auf den Boden „gemalt" wird. Dabei kombiniert man einen Pivot (Drehung auf dem Fußballen) mit einem Schritt nach vorn, womit der Ocho adelante (Vorwärts-Acht) erfolgt. Kombiniert man das mit einem Schritt nach hinten, wird daraus ein Ocho atrás (Rückwärts-Acht).

Der Mann muss also zunächst den Pivot führen und erst danach den Schritt in die entsprechende Richtung. Hier hilft ein wenig die Führung mit der linken Hand. Macht man zu viel mit den Schultern, kann die Frau das leicht als Einleitung einer größeren Drehung (Giro) interpretieren. Der Pivot erfolgt als Drehung auf dem Ballen eines Fußes in aufrechter Position, wobei die Achse durch den Fuß geht. Die Frau verdreht dabei den Rumpf, wobei ihr Nabel schließlich am Mann vorbeischaut. Das ist auch die Richtung, in die sie den nächsten Schritt setzen wird (vor oder zurück).

Die Frau kann mehrere Ochos vor dem Mann hin- und hergehen und dabei jeweils eine halbe Drehung (eigentlich einen Pivot) ausführen. Sie kann aber auch mit dem Mann ein wenig weitergehen und die Ochos schräg ansetzen.

Wichtig ist, dass man der Frau beim Pivot genug Raum lässt, sie also nicht zu eng führt. Andernfalls kann ihre Achse nicht vertikal sein. Sie sollte sich aber auch nicht selbst dadurch behindern, dass sie die enge Umarmung beibehält. Ihre Hand kann vom Rücken des Mannes auf seinen Arm hinuntergleiten, damit sie aufrecht drehen kann und nicht zu nahe an ihm bleibt. Die linke Hüfte der Frau muss bei der Drehung mitdrehen. Beim Pivot über rechts geht die Achse durch diesen Fuß. Rumpf und Hüfte müssen um diese

Achse fast wie ein Bügelbrett bewegt werden. Die Frau soll also in sich fast so stabil wie ein Brett sein, das der Mann dreht. Wenn Sie beim nächsten Mal nach dem Bügeln das Bügelbrett zusammenklappen, aufstellen und wegräumen, werden Sie diesen Vergleich vielleicht eher nachvollziehen können.

Die Frau soll in der Drehung ihren Arm am Arm des Mannes haben, damit ihre Achse vertikal ist und sich ihre Hüften frei bewegen können. Dennoch muss sie eine stabile Verbindung mit dem Mann haben. Die linke Schulter und Hüfte müssen sich entsprechend der Führung mitbewegen, sonst geht die Führung ins Leere, und ein Ocho atrás wäre zum Beispiel nicht führbar.

Ein Wechsel vom Ocho atrás in den Ocho adelante oder umgekehrt ist möglich, indem man den Pivot entsprechend ändert und die Frau nicht nach hinten, sondern nach vorn führt. Der Mann muss die Spannung für diese Bewegung rechtzeitig aufbauen und stabil stehen. Diesen Übergang kann man mit einem stärkeren Impuls führen und damit einen Boleo der Frau auslösen. Mehr zum Boleo folgt später bei der Beschreibung der Verzierungen.

An dieser Stelle möchte ich nochmals darauf hinweisen, dass in den verschiedenen Stilrichtungen des Tangos die Haltung unterschiedlich ist. Man sollte aber grundsätzlich versuchen, möglichst eng zu tanzen. Bei den verschiedenen Ochos gelingt das sicher noch problemlos. Nimmt man die Ochos aber als Ausgangspunkt für Kombinationen mit anderen Elementen, ist eine etwas weniger enge Haltung praktischer.

Damit es den Männern nicht langweilig wird, können sie selbst auch Ochos ausführen. Kleine Verzierungen mit

Einkreuzen vor und nach dem Pivot können mit dem jeweils freien Fuß durchgeführt werden. Ochos können und sollten Sie alleine vor dem Spiegel üben. Der Mann setzt beim Ocho adelante einen Schritt mit dem rechten Fuß nach links vorn, holt den linken Fuß knapp über dem Boden Knöchel an (eigenem) Knöchel und Knie an (eigenem) Knie dazu. Dann dreht der Mann mit einem Pivot nach rechts in die Gegenrichtung und setzt den nächsten Schritt mit dem anderen Fuß, der unbelastet an den Knöchel des anderen Beines gepresst war.

Die Frau beginnt den Ocho adelante mit links, ansonsten sind die Abläufe identisch. Haben Sie Schwierigkeiten mit der Balance, können Sie sich mit dem eigentlich freien Fuß etwas abstützen und vielleicht etwas mehr in die Knie gehen. Die Knie und Knöchel sind nach Möglichkeit nur leicht gebeugt, dennoch ist der Schwerpunkt tiefer, und man steht stabiler. Beim Ocho atrás beginnt man mit einem Schritt rückwärts, ansonsten ist der Ablauf wieder gleich. Man holt den zweiten Fuß knapp über dem Boden Knöchel an Knöchel und Knie an Knie dazu. Dann dreht man mit einem Pivot in die Gegenrichtung und setzt den nächsten Schritt mit dem anderen Fuß, der unbelastet an den Knöchel des anderen gepresst war.

Beim Üben können Sie sich an Ihrem Partner oder auch an einer Wand oder einem Stuhl festhalten. Später sollten Sie die Balance in der Bewegung aber auch ohne Abstützen üben.

Es ist eine gute Übung, Ochos vorwärts und rückwärts ohne Hilfe des Partners auszuführen. Das gilt für Männer und Frauen gleichermaßen. Man kann die Schwierigkeit erhöhen, indem man mit dem freien Fuß vorn und/oder hinten einkreuzt. Dies hilft auch als Vorbereitung für Enrosques, die später im Detail beschrieben werden. Enrosques sind Elemente in Drehungen, bei denen man vor oder hinter dem Fuß einkreuzt, auf dem man dreht. Auch bei Enrosques muss man die Bewegungsenergie selbst generieren und stabil auf den eigenen Füßen stehen, weil die Partnerin dabei im Giro (Drehung, dazu später mehr) um den Mann geht und ihn nur wenig abstützen kann. Wie immer ist langsames Üben zu Beginn wichtig, damit man die einzelnen Bewegungskomponenten isolieren und genau kontrollieren lernt. Nur dann kann man jederzeit die Bewegungsrichtung ändern oder in der Bewegung innehalten. Das kann erforderlich werden, wenn die Bewegung in eine Richtung auf der Tanzfläche plötzlich nicht mehr möglich ist oder man einfach ein anderes Element anschließen möchte.

Ocho cortado

Der Ocho cortado (verkürzte Acht) stammt aus dem Tango milonguero, den man sehr eng tanzt. Die Frau hat dabei weniger Platz für ihre Füße und kann sich auch nicht so einfach um ihre Achse drehen. Da die Musik schneller ist, bleibt weniger Zeit für raumgreifende Schritte, und die Bewegung wird deshalb vereinfacht und verkürzt.

Die Frau geht mit rechts diagonal vor an die rechte Seite des Mannes und mit dem linken Fuß weiter in dieser Richtung nach links seitwärts. Statt einem zweiten Pivot in die Gegenrichtung dreht sich die Frau nun wieder zurück und kreuzt dabei mit dem linken Fuß vor dem rechten ein. Die Schritte sind dabei kurz und schnell entsprechend dem Tempo der Milonga. Der Mann braucht dabei kaum einen Schritt zu machen, muss die Bewegung aber mit seinem Rumpf führen und begleiten.

Geht man zum Beispiel als Mann einen kleinen Schritt mit dem rechten Fuß zurück, kann man danach entweder den Fuß einfach wieder heranziehen oder hinter dem linken Fuß einkreuzen. Ich selbst kreuze dabei gerne ein, weil ich dann in der gleichen Ausgangsposition wie die Frau bin und der nächste Impuls automatisch in die richtige Richtung gehen wird.

Salida

Die Salida ist der Ausgang aus einer Figur, und sie kann beispielsweise wie das Ende eines Grundschritts getanzt werden. Man versucht, insgesamt Tanzelemente so ineinander zu fügen, dass sie mit den musikalischen Elementen auch wieder gemeinsam enden. Die Möglichkeiten sind mannigfaltig, und dementsprechend enthält die letzte Zeile in den Tabellen oft nur lapidar „Salida". Es gibt auch den Begriff „Resolución" (Auflösung). Ich betrachte diese Begriffe als untereinander austauschbar.

Salida cruzada

Wenn der Mann mit einem Cruzado beginnt, während die Frau einen normalen Grundschritt tanzt, kann er durch Verzögerung (halbes Tempo) wieder ins parallele System wechseln und den Grundschritt normal mit ihr beenden. Sie tanzt also normales Tempo, während er einmal verdoppelt und einmal einen Schritt auslässt.

Adornos

Viele kleine Elemente können nicht nur funktional, sondern auch als dekorative Verzierungen – Adornos – eingesetzt werden. Einige kennen Sie vielleicht: Boleos, Lapiz, Ganchos, Enrosques. Die Füße können in unterschiedlichster Weise spielen. Es ist schön und lehrreich, sehr gute Tänzerinnen oder Tänzer zu beobachten, um von ihnen unter anderem ihre Verzierungen zu erlernen. Es ist entscheidend, wie sie den Fuß aufsetzen und was sie anschließend damit kombinieren.

Im Flamenco sind diese Komponenten so deutlich, dass Sie diese wie ein Perkussionsinstrument auch gut hören können. Dennoch ist es mehr als das und die Eleganz der Bewegung in den Sevillanas und den vielen anderen Formen des Flamencos eine Augenweide. Man sollte nicht vergessen, dass viele Argentinier spanische Wurzeln haben.

Warum schweife ich hier vermeintlich ab? Sie sollen wie im Flamenco den Absatz, die Fußsohle, den Ballen und die Fußkanten einsetzen. Wie im Flamenco ist es aber auch das ganze Bein, der ganze Körper, den Sie bewegen, um Spannung aufzubauen.

Aus meiner Sicht sprengt es den Rahmen eines Buchs, die raffinierten Verzierungen zu beschreiben, die im Tango ausgeführt werden können. Es gibt entsprechende Kurse für Frauen- und Männertechnik, in denen Sie das lernen können. Warum gibt es dafür getrennte Kurse? Wie im Flamenco sind unterschiedliche Bewegungsmuster bei Frauen und

Männern möglich. Teilweise sind es einfach die Ausformungen der Bewegung, die den Unterschied ausmachen. Praktischerweise kann man Verzierungen gut alleine vor dem Spiegel üben. Oft ist dafür ein gutes Gleichgewicht erforderlich. Sie müssen nicht nur vor dem Spiegel, sondern auch im Arm des Mannes auf eigenen Beinen stehen können.

Schuhe spielen hier meiner Ansicht nach ebenfalls eine wichtige Rolle: Je nach Höhe des Absatzes und der Flexibilität der Sohle werden Verzierungen unterschiedlich leicht durchführbar sein.

Verzierungen geben Ihnen außerdem eine individuelle Freiheit innerhalb der Limitationen als Paar. Egal, wie kreativ der Mann tanzt und wie gut die Partnerin folgen kann, man kann mit den Adornos in jedem Fall Spaß haben und ist sozusagen vom anderen ein wenig unabhängiger. Die Verzierungen beeinträchtigen meist nicht den allgemeinen Fluss der Bewegung oder der Schritte. Man kann seinen Spieltrieb ausleben und selbst Akzente in der Bewegung setzen.

Lapiz

Lapiz als Verzierung

Wir können bereits als erste Verzierung einen Lapiz einbauen: Das ist eine (kleine) Ronde, bei der man wie bei einem Zirkel mit der Fußspitze einen kleinen Kreisbogen zeichnet. Lapiz bedeutet Bleistift. Wir belassen unser Gewicht auf dem Standbein (rechter Fuß), führen die Spitze des linken Fußes am Boden ein wenig nach vorn und beschreiben dann mit gleichbleibendem Radius einen Kreisbogen, bis wir am eigenen Standbein wieder anstoßen. Wir stehen minimal seitlich versetzt mit der Frau auf der rechten Seite, deshalb können wir anfänglich den Fuß überhaupt nach vorn führen. Nach dem Lapiz führen wir erst den Seitschritt nach links aus. Das Timing ist hier Geschmackssache. Grundsätzlich sollte man eher langsam beginnen und sich zunächst mehr Zeit pro Aktion nehmen.

Lapiz als funktionales Element

Der Lapiz kann beispielsweise als Einstieg in Drehungen (sowohl links als auch rechts) verwendet werden. Nach dem Lapiz geht man mit demselben Fuß vor, dreht auf dem Ballen dieses Fußes und leitet dabei eine Drehung auch der Frau nach derselben Seite ein (linker Fuß – Linksdrehung, rechter Fuß – Rechtsdrehung).

Alternativ geht man nicht mit dem Fuß vor, sondern kreuzt hinter dem anderen Fuß ein. Man leitet durch Drehung des Oberkörpers wieder die Drehung der Frau ein und kann nun mit beiden Fußballen auf dem Boden die eingekreuzten Füße aufdrehen. Der freie Fuß könnte nun eine Sacada ausführen, oder man wählt eine einfachere Salida.

Picotero

Beim Picotero (auch Punteo genannt) wird kurz mit der Fußspitze (hinten und seitlich) auf den Boden getippt. In der Regel wird das nur als Verzierung (zum Teil schnell mehrfach hintereinander) zwischen den eigentlichen Schritten vorgeführt. Dieses Element stammt vermutlich aus dem Tango milonguero, kann aber in weniger stark akzentuierter Form auch im Tango de Salón genutzt werden.

Es gibt einige andere kleine Verzierungen mit ähnlicher Bedeutung: Man kann zum Beispiel mit dem Fußballen kurz auf den Boden tippen, minimalistische Schrittchen oder Gewichtsverlagerungen ausführen. Diese kleinen Elemente können ein Spiel mit dem Rhythmus sein und die Geschicklichkeit und Kontrolle über die Bewegungen der Füße zeigen.

Rebote

Das Zurückprallen (rebotar = zurückprallen) ist nur ein kurz belasteter (Ausweich-)Schritt, der Dynamik in den Tanz bringen kann. Er hat hinsichtlich der Belastung der Füße eine Ähnlichkeit mit der Cunita, allerdings ist das Timing akzentuierter.

Ein Schritt nach vorn oder an die Seite kann schnell gestoppt werden, so als ob man von einer Gummiwand abprallen würde. Das ist nützlich, um rasche Richtungswechsel auszuführen und einem Hindernis auszuweichen. Wie bei fast allem kann man es natürlich als ein spannendes Element einbauen. Jedenfalls verlagert man dabei nicht das ganze Körpergewicht auf den nur kurz belasteten Fuß, sonst wäre man zu langsam. Der Mann geht dabei aus der Grundstellung kurz seitwärts oder vorwärts und nimmt dabei die Frau in enger Haltung jeweils mit. Auch wenn das eine schnelle Bewegung ist, soll sie nicht ruckartig sein, und man führt den Rumpf der Frau nur ein kurzes Stück in die jeweilige Richtung. Man baut währenddessen entsprechende Körperspannung auf und hält die Frau etwas enger, um schnell genug sein zu können.

Nach einem solchen Seitschritt kann man mit demselben Fuß zum Beispiel schnell diagonal an der rechten Seite der Frau vorgehen.

Barrida

Barrida wird auch Fußschieber oder Feger genannt. Der Fuß des Partners wird mit dem eigenen Fuß verschoben beziehungsweise mitgezogen. Ein anderer Begriff für die Barrida ist Arrastre, was hingegen schleppen beziehungsweise ziehen bedeutet. Das kann man mit der Innenkante oder der Außenkante des Vorfußes durchführen, indem man vorsichtig am Boden entlanggleitet. Die Berührung des Fußes der Frau, bevor die eigentliche Barrida beginnt, nennt man Mordida.

Damit der Fuß der Frau bewegt werden kann, muss dieser Fuß entlastet sein, und sie sollte eine stabile, vertikale Achse haben. Nun kann man den Fuß in einer Kreisbahn um die Achse der Frau führen und dabei den eigenen zweiten Fuß nachsetzen (auch mehrmals).

Diese Bewegung kann man sich so vorstellen: Man hat in beiden Händen etwas zu tragen und schiebt eine halb offene Tür vorsichtig mit dem Fuß auf oder zu. Dabei muss man zarte Bewegungen machen, damit die Tür nicht ins Schloss fällt oder gegen eine Wand knallt. Die Tür ist fest in den Scharnieren und dreht sich um diese Achse.

Bevor man eine Barrida führt, muss man sicher sein, dass die Frau stabil auf dem anderen Fuß steht und auf die Barrida vorbereitet ist. Anschließend kann der Mann den zweiten Fuß dazustellen und somit eine Sandwich-Figur einleiten (siehe unten).

Sucht man den Fußkontakt mit der Frau (Mordida), kann das unterschiedliche Bedeutungen haben: Stopp in der

Bewegung, Beginn einer Barrida, Beginn einer Parada, Beginn einer Colgada usw.

Wie erkennt die Frau also, was der Mann wirklich vorhat? Der Mann muss ihre Achse entsprechend anders ausrichten und unterschiedliche Bewegungen einleiten. Das erfordert immer sorgsame Vorbereitung durch den Mann. Auch wenn diese Bewegungen theoretisch schnell tanzbar wären, so muss er sich zuerst vergewissern, dass die Achse der Frau vor jeder Aktion richtig ausgerichtet ist. Je nach Übung kann das eine rasche, fließende Bewegung oder eine langsame, in Szene gesetzte Verzierung sein.

Fehlerquellen: Kümmert sich der Mann nicht aktiv um die Ausrichtung der Achse seiner Partnerin und lässt er beiden nicht genug Zeit, kann das schnell zum Stolpern und Straucheln führen. Im günstigsten Fall wird die Frau die unklare Führung ignorieren und einen einfachen Schritt setzen.

Mit einer Barrida kann man auch den freien Fuß der Partnerin in der Bewegung begleiten und gerade in einer Richtung weitergehen. Je nach Gewichtsverteilung und Position der Füße kann die Frau den Fuß des Mannes auch wieder zurückschieben. Dazu muss man ihr aber erst die Möglichkeit dazu einräumen, indem man den schiebenden Fuß unbelastet lässt. Bleibt der Rumpf des Mannes trotz Fußaktion an derselben Stelle, so ist das eine Einladung für die Frau, den Fuß wieder zurückzuschieben. Barridas können wiederholt werden, wenn man dabei jeweils stabil steht. Der Schwerpunkt liegt tiefer, wenn man leicht das Knie des Standbeins beugt. Stellt man den zweiten Fuß neben den Fuß der Frau und stellt sich ihr gegenüber frontal auf, wird daraus ein Sanguchito (Sandwich).

Schnelleinstieg in die Barrida

Ein einfacher Einstieg in eine Barrida ohne Drehung kann so erfolgen: Der Mann geht links seitwärts, mit rechts rasch diagonal vor zum rechten Fuß der Frau und stoppt sie, sodass sie zunächst keinen Schritt macht. Mit links geht der Mann nun links vor. Mit dem rechten Fuß schiebt der Mann den rechten Fuß der Frau vor. Bleibt er mit dem Rumpf (und der Partnerin) an Ort und Stelle und bewegt nur den Fuß, kann sie diesen unbelasteten Fuß zurückschieben. Geht er weiter, kann er diese Barrida wiederholen. Während man den Fuß schiebt, ist das eigene Knie übrigens gebeugt. Erst am Ende der Bewegung ist das Bein wieder gestreckt.

Nach der Barrida kann man die Frau über den Fuß steigen lassen, als würde man einen Ocho adelante einleiten, und einen Ausgang nach Belieben wählen (zum Beispiel links vorwärts, rechts seitwärts, schließen).

Linksdrehung – Barrida

Nach den Basisschritten (rechts zurück, links seitwärts, rechts vorwärts/Barrida) leitet der Mann eine Linksdrehung ein. Er überträgt dabei lediglich das Gewicht vom rechten auf den linken Fuß und macht zunächst keinen eigentlichen Schritt, sein Rumpf führt und begleitet aber die Bewegungen der Frau in der Drehung nach links. Den dritten Schritt der Frau begleitet er mit einer Barrida.

Sanguchito

Die Figur Sanguchito wird häufig auch „Sandwich" genannt. Der Fuß des Partners wird zwischen den eigenen Füßen eingeklemmt. Nach einer Barrida kann man ein Sandwich tanzen, weil die Frau mit ihrem Körper etwas weiter hinten ist und stabil auf dem hinteren Bein steht. Der Mann steht in dieser Position gerade. Das würde nicht klappen, wenn die Frau auch gerade über dem Fuß im Sandwich stünde – man würde mit dem gesamten Körper von oben bis unten aneinanderkleben und zu wenig Standfläche haben.

Man kann das Sandwich einleiten, indem man mit einem Ocho atrás beginnt und bei ihrem zweiten Schritt des Ocho den Fuß mit einer Mordida (Heranstellen des rechten Fußes) stoppt. Danach stellt man den zweiten Fuß neben den gestoppten Fuß auf die andere Seite, sodass ihr Fuß nun zwischen den beiden Füßen des Mannes ist. Anschließend geht der Mann zum Beispiel mit dem rechten Fuß zurück und lässt die Frau über seinen linken Fuß steigen. Es kann nun eine Rechtsdrehung folgen. Will man die Bewegung nicht als Drehung fortsetzen, kann man die Frau mit einem Pivot wieder in die ursprüngliche Richtung zurückdrehen und einen einfachen Ausgang wählen.

Parada

Parada bedeutet Haltestelle oder Stopp. Der Mann stoppt die Frau mit der Umarmung und einer Mordida und gibt der Frau die Gelegenheit, mit Verzierungen zu spielen. Diese Figur wird in ruhigen Phasen der Musik durchgeführt. Wenn die Frau den Fuß in einer Bewegung dem Mann entgegenstreckt, kann er ihren Fuß stoppen und seinen zweiten Fuß an die andere Seite ihres Fußes stellen. Wichtig ist, dass die Frau zunächst das Gewicht auf dem hinteren Fuß hat. Der Mann geht dann aber wieder zurück und lässt ihr Raum für Verzierungen. Stoppen kann der Mann grundsätzlich mit dem linken und dem rechten Fuß, meistens nutzt er aber den rechten. Es gibt hier wieder Spielmöglichkeiten, bei denen man zum Beispiel die Füße wechselt (indem man einen Schritt zurück und dann mit dem anderen Fuß nach vorne geht) und erst anschließend die Frau weitergehen lässt.

Cunita

Cunita bedeutet Wiege. Der Wiegeschritt ist nur ein Vor- und Zurückgehen. Sie können das abwandeln und dabei drehen. Der Mann geht rechts zurück, links seitwärts und beim nächsten Schritt geht man mit rechts an der rechten Seite der Frau außen vorbei. Nun kann man mehr oder weniger eng am Schenkel der Frau vor- und zurückgehen wie oben beschrieben. Im Vals kann man das mit einer kleinen Richtungsänderung einbauen.

Gancho

Gancho bedeutet Haken: Das Spielbein umhakt das Bein des Partners. Die Bewegung kann durch Kontakt der Beine ausgelöst werden, wird aber auch oft durch den Schultergürtel zusätzlich geführt. Der Mann schafft für das Bein der Frau Platz, indem er das Knie beugt. Tut er das nicht, sollte die Frau auch keinen Gancho erzwingen. Der Mann kann ebenfalls Ganchos ausführen, wenn die Frau ein gebeugtes Bein anbietet. Bei gestreckten Beinen sind Ganchos nicht angebracht. Falls Ganchos nicht rasch genug oder an unpassender Stelle getanzt werden, sind sie eher irritierend.

Grundsätzlich beginnt ein Gancho am Boden, wenn die Schenkel bereits Kontakt haben, und es folgt ein meist rasches Umhaken des Partnerbeins. Danach wird dieser Fuß wieder schnell abgesetzt und belastet.

Bei großem Gedränge auf der Tanzfläche können Ganchos gefährlich sein, also sollten Sie lieber etwas anderes einplanen.

Beispiel für Gancho

Ocho atrás für die Frau, der Mann geht mit dem rechten Fuß an die Fuß(innen)seite des linken Beins der Frau. Dabei vollführt er mit seinem rechten Bein einen leichten Ausfallschritt und geht dabei in die Knie. Die Frau kann nun mit rechts einen Gancho ausführen.

Der Mann geht mit dem linken Fuß schräg rückwärts, die Frau folgt parallel vorwärts. Der Mann kann nun mit dem rechten Bein einen Gancho ausführen. Dann geht der Mann wieder links nach vorne und führt die Frau zum Beispiel in einen Ocho atrás.

Leg Wraps

Leg Wraps sind die langsame Variante der Ganchos. Eine spezielle spanische Bezeichnung ist mir dafür nicht bekannt. Ein Beispiel sieht so aus: links einen kleinen Schritt seitwärts setzen, rechts zwischen die Beine der Frau, dabei linken Innenknöchel der Frau suchen, mit ihr schräg nach vorn gehen, dabei beim rechten Bein einhaken (Gancho). Die Frau kann man anschließend mit Ochos atrás herausführen.

Boleo

Der Boleo ist eine peitschenartige Bewegung des Unterschenkels und wird eingeleitet, indem man den freien Fuß etwas seitlich und hinter dem Standbein am Boden hat und dann schnell das Knie des Spielbeins zum Knie des Standbeins führt. Dabei wird der Unterschenkel mit dem Fuß peitschenartig beschleunigt und in eine Kreisbewegung geführt. Das Knie des Spielbeins berührt dabei die Kniekehle etwas seitlich. Dadurch hat der Unterschenkel Raum für die folgende Bewegung. Da das mit einiger Kraft erfolgt und die Füße doch deutlich vom Boden entfernt werden, sollte man sicher sein, dass man niemanden gefährdet. Auf vollen Tanzflächen kann man diese Verzierung also nur klein andeuten und muss mit der Fußspitze dabei sogar am Boden bleiben. Boleos kann man einsetzen, wenn man in der Grundstellung ist und stabil steht.

Amague

Amague bedeutet Finte oder Täuschung. Dabei handelt es sich um eine vorgetäuschte Bewegung. Man deutet also eine Bewegung zum Beispiel nach links an, geht dann aber tatsächlich rechts weiter. Eine angetäuschte Bewegung kann auch ein kurzes Einkreuzen der Frau vorn sein, wenn sie dennoch den Schritt normal setzt und weiter rückwärtsgeht.

Giro

Bei einer Drehung (Giro) ist die Achse zwischen den Partnern, wenn beide die typischen Schritte der Drehung tanzen. Es kann aber auch der Mann die Drehachse sein, wenn er aus eingekreuzter Position nur aufdreht oder mit einem Enrosque beginnt.

Mit Verdopplungen kann der Mann übrigens eine Situation retten, wenn die Frau aus irgendeinem Grund zwischendurch auf dem falschen Fuß steht. Da man sich in der Drehung kontinuierlich weiterbewegen muss, sind Verzögerungen hier keine gute Option, um wieder in die passende Schrittfolge zu finden. Das kann man hingegen bei der Caminata sehr schön einsetzen.

Es ist sehr hilfreich, wenn die Frau ihre Schritte mit dem Taktschlag setzt. Tut sie das nicht, können beziehungsweise müssen Sie improvisieren und sich vor allem durch Verdopplungen ihrem Schrittmuster anpassen. Das ist grundsätzlich in Ordnung und machbar, ein wenig Planbarkeit erleichtert aber die Führung.

Der Medio Giro ist eine verkürzte Variante, die mit nur drei Schritten getanzt wird, was daher gut zum Dreivierteltakt des Vals passt.

Molinete

Die Molinete (Windmühle) ist die feste Schrittfolge der Frau im Giro, eine Kombination von Rückwärts-Ocho, Seitschritt und Vorwärts-Ocho. Der Mann kann die Bewegung der Frau auf unterschiedliche Weise mit Schritten begleiten. Allen Varianten beim Mann ist gemeinsam, dass sein Schultergürtel die Drehung der Frau führt. Die Fußarbeit kann wie die der Frau sein, aus einfachen Schrittwechseln bestehen oder zum Beispiel ein Pivot über beide Ballen sein, bis der Mann eingekreuzt steht. Man kann nun die Drehrichtung beibehalten und als Mann wieder einen Lapiz anschließen (Tabelle 6).

Die Molinete kann in beide Richtungen ausgeführt werden. Häufig werden verkürzte Varianten getanzt (so zum Beispiel im Vals), bei denen die Frau nur wenige Schritte in eine Richtung vornimmt. Natürlich kann man die Drehungen auch umfangreicher gestalten und mit Kombinationen von Lapiz, Verdopplungen, Sacadas, Planeos, Barridas und einem Richtungswechsel garnieren. Diese Kombinationen erfordern allerdings eine sehr stabile Achse und tänzerische Erfahrung.

Für die Frau kann es anfänglich etwas verunsichernd sein, wenn sie dabei nicht in der engen Haltung stabil in der A-Position steht, sondern etwas Abstand vom Mann hat und auf eigenen Beinen stehen muss. In enger Haltung ergeben sich andere Herausforderungen, da viele Schritte ohne Sichtkontrolle genau an die richtigen Punkte gesetzt werden müssen, damit man sich nicht gegenseitig behindert. Die Schritte der Molinete sollten beide Partner üben und langsam ausprobieren, wohin die Füße jeweils gesetzt werden müssen.

Tabelle 6. Molinete-Variante mit Lapiz.

a) Molinete-Variante mit Lapiz (Mann)				
Schritt	Fußplatzierung	Allgemeine Aktion	Dreh- umfang	Fußaktion
1	LF seit, Gewicht auf LF	Seitschritt		B flach
2	RF vw			B flach
3	RF Pivot li	Drehung einleiten	1/4	B flach
4	LF Lapiz	Ronde	1/4	Großzehe zeich- net
5	LF Lapiz		1/4	Boleo (klein)
6	LF stoppt Frau	LF vor zu LF der Frau		
7	Frau drüberstei- gen lassen			RK gebeugt, LK gestreckt, Knie geschlossen
8	LF dabei Pivot nach re	Frau in Ocho cortado führen		
9	RF heran	Schließen der Füße		

b) Molinete-Variante mit Lapiz (Frau)

Schritt	Fußplatzierung	Allgemeine Aktion	Dreh- umfang	Fußaktion
1	RF seit			B flach
2	LF rück			B flach
3	RF seit			B flach
4	Pivot, li rück		1/4	B flach
5	RF seit		1/4	B flach
6	LF vor	Vorwärtsschritt wird durch M ge- stoppt	1/4	F flach
7	RF vor an den Fuß des Mannes	Stopp, darüber- steigen		übersteigen
8	mit LF Ocho ein- leiten	Ocho cortado		B flach
9	mit LF vorn ein- kreuzen			B flach

Sacada

Der Mann oder die Frau tritt an die Stelle des Partners und nimmt somit dessen alten Platz ein. Gemeint ist dabei der Platz der Körper und nicht der Platz der Füße. Dies kann mit wenig oder sogar deutlicher Berührung geschehen, sodass das Bein der Frau „fliegt". Sacar bedeutet „entfernen". Man verdrängt also das Bein des anderen. Der Mann muss den Schritt entschieden setzen und schnell belasten. Je nach Konstellation erfolgt sofort eine Drehung auf diesem Fuß, und die Achse des Mannes muss entsprechend zu diesem Fuß verlagert werden.

Fehlerquellen: Das Timing ist bei Sacadas nicht immer ganz einfach, und der Abstand der Körper muss so erhalten bleiben, dass sie nicht unkontrolliert aufeinanderprallen. Entscheidend ist auch, wohin der Mann exakt seinen Schritt bei der Sacada setzt.

Probieren Sie Sacadas anfänglich mit Ihrer Partnerin im Training langsam aus. Man muss sich erst das Gefühl für die richtige Positionierung des Fußes und den erforderlichen Impuls einprägen, um es später intuitiv richtig durchführen zu können. Nehmen Sie sich dafür Zeit, es ist schwieriger, als es aussehen mag. Achten Sie auch darauf, dass nicht Knochen auf Knochen prallen, das ist schmerzhaft. Schenkelkontakt ist vielleicht nicht harmlos, aber doch ohne Verletzungsrisiko. Eine mit Ihnen nicht vertraute Partnerin will aber vielleicht keinen Schenkelkontakt mit Ihnen. Setzen Sie diese Figuren also mit Rücksicht und Bedacht ein.

Schneller Einstieg zu einer Sacada

Der Mann beginnt mit dem Einstieg in den Cruzado mit dem linken Fuß nach links seitwärts, anschließend schließt er mit dem rechten Fuß. Dann geht er mit dem linken Fuß vorwärts und führt mit dem rechten Fuß eine Sacada zwischen den Beinen der Frau aus.

Sacadas in der Drehung

Viele Sacadas werden in Drehungen ausgeführt, wenn die Frau gerade frontal vor dem Mann im Giro den Seitwärtsschritt macht. In diesem Moment ist am meisten Platz für den Schritt zwischen ihre Beine. Je nachdem, wie stark der Impuls des Schritts des Mannes ist, kann eine Sacada eine raumgreifende Bewegung (Ronde) der Frau verursachen. Damit bei einer gut besuchten Milonga die Frau diese Aktion nicht künstlich bremsen muss, um sich und andere nicht zu gefährden, sollte man seine Energie den räumlichen Möglichkeiten anpassen und entsprechend schwächer dosieren. Die Sacadas können fast in jeder Situation mit dem linken oder rechten Bein ausgeführt werden. Je nach den einleitenden Schritten wird der eine oder eben der andere Fuß frei sein. Man wechselt bei Bedarf davor einfach ins gekreuzte System oder umgekehrt. Bei Sacadas sind ausnahmsweise auch zwei Schritte hintereinander mit demselben Fuß für den Herren möglich. Das kommt sonst im Tango kaum vor, es kann aber ein spannendes Element auch in anderen Kombinationen sein. Weil es so ungewohnt ist, sollte man das separat üben.

Kombination: Basico – Giro (links) – Sacada

Der Mann geht mit dem rechten Fuß zurück, mit dem linken Fuß seitwärts, beide machen nun einen Boleo und gehen dann innen vorwärts (der Mann mit dem rechten Fuß, die Frau mit dem linken). Der Mann bleibt stehen, führt eine Linksdrehung, in dem er über beide Füße dreht; die Füße bleiben dabei am Fleck, dann geht er mit dem rechten Fuß vor und tanzt eine Sacada. Hier können noch andere Elemente angeschlossen werden, oder man wählt eine einfache Salida.

Sacadas beim Geradeausgehen

Was im Giro funktioniert, ist auch in gerader Richtung möglich: Beim geraden Vorwärtsgehen verdrängt man alternierend einmal das rechte und dann das linke Bein der Frau. Die Frau muss in die Figur so geführt werden, dass sie einen Schritt nach rechts macht und dann frontal vor dem Mann steht. Der Mann kann seinen rechten Fuß (der zu diesem Zeitpunkt natürlich frei sein muss) schnell so weit nach vorn setzen, dass er hinter den rechten Fuß der Frau kommt. Danach setzt er den linken Fuß hinter ihren linken. Dabei muss er in derselben Richtung geradeaus weitergehen, weil die Frau sonst hinten einkreuzt oder zumindest nicht genug Platz für den nächsten Schritt des Herren lässt. Bei diesem Slalom der Beine muss man die Bewegungsrichtung des Oberkörpers beibehalten, sonst wird daraus ein Taumeln.

Sacadas für die Frau

Der Mann geht rechts zurück, links seitwärts und dann mit dem rechten Fuß relativ weit nach links vorwärts. Dabei lässt er den nun hinteren linken Fuß etwas länger stehen, damit die Frau dort eine Sacada ausführen kann, und macht ihr dafür Platz, indem er den Abstand von ihr etwas vergrößert. Er führt sie beim dritten Schritt nach vorn in die Sacada. Sobald sie die Sacada tanzt, löst das eine Drehbewegung bei ihm aus, und man kann das Spiel zusammen wiederholen.

Sacada atrás

Im Giro nach links kann der Mann mit dem linken Fuß einen Lapiz vollführen und dann als Fortsetzung der Bewegung mit diesem Fuß eine Sacada atrás bei der Frau mit einem Schritt nach hinten machen (Rückwärts-Sacada).

Bei der Haltung ist zu beachten, dass sich der Mann mit seiner linken Schulter von der Frau etwas mehr als sonst wegdrehen muss, damit er den Rückschritt setzen kann. Das erfordert, dass die Haltung nicht so eng ist. Mindestens anfänglich muss er dabei schneller und stärker drehen als die Frau, die in dieser Zeit im Giro nach links ja auch weitergeht. Das alles sollte der Mann zunächst unter „Sichtkontrolle" durchführen, damit er den richtigen Zeitpunkt für die Aktion wählt (es sollten drei Taktschläge sein). Er muss darauf achten, dass die Füße der Partnerin in einer geeigneten Position (im Seitwärtsschritt) sind, sonst trifft er bei der

Sacada einen Fuß der Frau. Wenn der Bewegungsablauf automatisiert ist, muss man natürlich nicht mehr auf die Füße schauen.

Fehlerquellen: Bleibt die Frau nicht im Takt oder tanzt sie eine ungewöhnliche Schrittfolge, wird ihre Beinposition für eine Sacada des Mannes vielleicht nicht passend sein. Die Sichtkontrolle kann helfen, dass hier kein Chaos entsteht. Der Mann kann als Alternative spontan auf die Sacada verzichten oder je nach Konstellation noch einen Taktschlag abwarten. Steht er stabil in seiner Achse, und die Frau bewegt sich wie gedacht weiter um ihn herum, hat er eine Chance, die Sacada doch noch einen Taktschlag später auszuführen.

Kurz: links seitwärts, rechts vorwärts, Frau in Linksdrehung führen, auf rechtem Fuß nach links drehen, Rücken fast der Frau zuwenden, mit links gerade zurück und Sacada.

Alternative: Der Mann kann zwei Sacadas atrás hintereinander mit dem linken Fuß ausführen sowie eine Sacada adelante mit rechts. Dazu muss die Frau aber kontinuierlich in der Drehbewegung weitergehen.

Enrosque

Enrosque bedeutet Verschrauben von Ober- und Unterkörper bei einer Drehung (enroscar: verschrauben). Eine andere Bezeichnung ist „Rulos". Man geht dabei entschieden vor und dreht auf dem Ballen dieses Fußes, wobei das hintere Bein hinten (oder vorn) einkreuzt. In dieser Position steht der Mann etwas instabil, daher ist es besser, er leitet die Drehung der Frau schon beim vorigen Schritt ein. Wenn er nun den Enrosque macht, beginnt die Frau schon einen Giro um ihn herum. Die Achse des Giro der Frau führt durch seinen Fußballen, und er bleibt aufrecht und gerade. Auf den Enrosque kann ein Lapiz folgen oder andere Aktionen, die diese Drehbewegung fortsetzen. Weil man instabil steht, wären ein plötzliches Stoppen oder ein Richtungswechsel mit einem Ungleichgewicht verbunden.

Beispiel: Linksdrehung mit Lapiz einleiten, Enrosque, Aufdrehen des Enrosque, Planeo, mit diesem Fuß Frau stoppen (Mordida), Pivot einleiten, Frau darübersteigen lassen, Salida.

Medialuna

Der Mann führt die Frau in der Medialuna (Halbmond) mit einem relativ starken Impuls in einen Rückwärtsschritt. Er führt sie an seine linke Seite und geht mit ihr dann in dieselbe Richtung zurück: Sie geht dann also an seiner linken Seite vor und er zurück. Danach kann er sie wieder zurück, nach rechts seitwärts und nach vorn führen. Die Bewegungen sind geradlinig und ohne Drehung (Tabelle 7).

Tabelle 7. Medialuna. Schritte für den Mann sind im Teil a) beschrieben, die Schritte für die Frau in Teil b).

a) Medialuna (Mann)

Schritt	Fußplatzierung	Allgemeine Aktion	Fußaktion
1	LF seit	Seitschritt	B flach
2	RF vw	Vorwärtsschritt	F flach
3	LF heran	Schließen, Seitverschiebung der Frau	B flach
4	RF rück	Rückwärtsschritt	B flach
5	LF heran	Schließen	B flach
6	RF vw	Vorwärtsschritt	F flach

b) Medialuna (Frau)

Schritt	Fußplatzierung	Allgemeine Aktion	Fußaktion
1	RF seit	Seitschritt	B flach
2	LF rück	Rückwärtsschritt	B flach
3	RF seit	Seitschritt	B flach
4	LF vor	Vorwärtsschritt	B flach
5	RF heran	Schließen	B flach
6	LF rück	Rückwärtsschritt	B flach

Planeo

Beim Planeo dreht sich der Mann auf einem Fußballen mit, während sich die Frau in einem Giro um den Mann dreht (und sie ihn mitdreht). Dabei kann er den Fuß seitlich etwas weghalten, ungefähr wie bei einer Barrida. Das funktioniert nur, wenn die Frau in der Drehung alleine weitergeht. Die Führungsmöglichkeiten des Mannes sind dabei sehr eingeschränkt.

Planeo für die Frau

Der Mann geht in den Cruzado und führt einen Ocho atrás der Frau. Beim zweiten Ocho hebt er sie während des Pivots mit seinem rechten Arm leicht an und geht mit einigen Rückwärtsschritten um sie in einer Linksdrehung herum. Ihr Ocho endet also im Pivot, aus dem eine Drehung auf diesem Bein wird. An dieser Stelle könnte man übrigens auch eine Colgada einleiten. Der Mann darf die Achse der Frau nicht stören, während er um sie herum geht. Er kann unterschiedlich viele Schritte machen, das Timing ändern und auch wieder in die andere Richtung drehen. In dieser Zeit hält die Partnerin das Spielbein seitlich weg und kann dabei kleine Verzierungen (zum Beispiel Lapiz) ausführen. Anschließend muss er die Drehung beenden, damit die Partnerin wieder mit dem zweiten Bein Bodenhaftung bekommt. Erst wenn sie bereit für diesen Schritt ist, kann er aus dieser Position weitergehen.

Kombinationen

Mit den diversen Figuren haben Sie bereits viel Material, mit dem Sie spielen können. Ich gehe davon aus, dass Sie das auch schon gemacht haben. Es kann hilfreich sein, einige Kombinationen zu erlernen, damit man an Beispielen sieht, wie man Elemente verbinden kann. Wenn Sie ein etwas größeres Repertoire an Kombinationen kennen, werden Sie irgendwann eigene Varianten improvisieren können. Professionelle Tango-Tänzer haben auch im Tango Argentino ausgearbeitete Choreografien zu ausgewählten Musikstücken für Shows (Tango éscenario). Andere Paare improvisieren auch in Shows. Wie können Sie auf Milongas improvisieren? Oft haben Sie vermutlich eine grobe Idee, welche Figuren Sie einbauen und üben möchten. Während des Tanzes lassen Sie sich aber besser von Ihrer Partnerin inspirieren. Nutzen Sie die Bewegungsenergie der ersten Figur, um sie in die nächste fließen zu lassen. Gibt es Hindernisse, sind sie Auslöser für Richtungswechsel, Drehungen, Rebotes usw. Die Musik selbst lädt zu gewissen Techniken und Schrittfolgen ein und will tänzerisch interpretiert werden. Es ist nicht umsetzbar, mit einer starren Choreografie auf eine volle Tanzfläche zu gehen.

Es ist also wie im richtigen Leben. Sie können schon Pläne haben, aber die halten nur solange, bis sie auf die Wirklichkeit treffen. Es genügt aber schon, wenn Sie sich selbst und Ihrer Partnerin nicht im Weg stehen.

Linksdrehung, Sacada, Lapiz und Enrosque für den Mann

Der Mann geht links seitwärts, rechts vorwärts, hinterkreuzt mit linkem Fuß, führt nun die Frau in die Linksdrehung, mit rechts macht er eine Sacada, wenn die Frau frontal vor ihm den Seitschritt ausführt. Während die Frau die Drehung fortsetzt, zeichnet der Mann mit links einen kleinen Lapiz, geht dann mit links vor und schließt ein Enrosque an, bei dem er mit rechts hinten einkreuzt. Es folgen ein Lapiz des Mannes mit dem linken Fuß, eine Sacada atrás des Mannes mit dem linken Fuß und die Salida.

Kurz: Basico – Ocho cortado – Lapiz (M) – Linksdrehung (F) – Sacada mit rechts (M) – Lapiz (M) mit links – Enrosque – Lapiz (M) mit links – Sacada atrás (M mit links) – Salida

Rechtsdrehung – Sacada – Parada

Der Mann geht mit dem linken Fuß links seitwärts, mit dem rechten Fuß nach vorn, dann mit dem linken Fuß vor. Mit links kreuzt der Mann dann vorn ein, wobei er den Fußballen aufsetzt und dieser nur leicht belastet wird. Nun führt er die Frau in eine Rechtsdrehung. Der Mann bleibt mit seinen Fü-ßen an Ort und Stelle und dreht dabei so nach rechts, dass das Gewicht vorwiegend auf dem rechten (Stand-)Bein bleibt. Der linke Fuß unterstützt die Drehbewegung. Er kann nun mit dem linken Fuß nach vorn eine Sacada machen, wenn die Frau mit ihrem linken Fuß einen Schritt zur Seite setzt.

Die Frau setzt den Giro nach rechts fort und wird dann mit dem rechten Fuß des Mannes an ihrem rechten Fuß gestoppt, was einer Parada entspricht. Daraus könnte man ein Sandwich tanzen oder die Frau über den rechten Fuß des Mannes steigen lassen.

Der Einstieg in die Rechtsdrehung kann natürlich auch anders eingeleitet werden. Jedenfalls kann man eine Sacada in die Drehung einbauen. Je nachdem, auf welchem Fuß man dann steht, wird die Sacada mit dem rechten oder dem linken Fuß erfolgen können.

Cruzado – Rechtsdrehung – Sacada

Eine Variante der Rechtsdrehung mit Sacada beginnt aus dem Cruzado: Der Mann geht links seitwärts, zieht den rechten Fuß heran, geht links vorwärts (Cruzado) und weiter, um die Frau ins Kreuz führen. Nun muss er sie die Achse finden lassen. Er kann nun rechts weit (aber fast gerade) hinterkreuzen (nicht einkreuzen). Er leitet dabei eine Rechtsdrehung ein. Die Frau führt er dabei über das rechte Bein. Mit links kann er eine Sacada beim zweiten darauffolgenden Schritt der Frau ausführen. Es kann nun eine Salida in Tanzrichtung wie das Ende eines Grundschritts oder eine Fortsetzung der Drehung erfolgen.

Cruzado, „außenseitige Rechtsdrehung", Sacada

Der Mann geht in den Cruzado (mit links seitwärts, rechts heran, links vorwärts), dann rechts vorwärts (an der rechten Seite der Frau), dabei dreht er zunächst um neunzig Grad nach rechts und geht dann mit links in Tanzrichtung zurück, wobei er weiter um circa neunzig Grad dreht. Die Frau nimmt er seitlich dabei mit. Die Salida macht er zum Beispiel mit links seitwärts, rechts vorwärts und dabei führt er die Sacada aus.

Die Bezeichnung „außenseitige Drehung" ist von mir frei erfunden, aber der Beginn rechts an der Seite der Frau vorbei ähnelt sehr entfernt einem außenseitigen Wechsel im langsamen Walzer. Man dreht dann im Tango aber in derselben Richtung weiter und nimmt die Frau in diese Drehung mit.

Cruzado, „außenseitige Linksdrehung"

Der Mann geht in den Cruzado mit links seitwärts, rechts heran, links vorwärts. Er geht in dieser Kombination allerdings an der linken Seite der Frau vorbei. Dabei dreht er bereits nach links (zur Frau), setzt den rechten Fuß (von ihm aus jetzt nach hinten) in Tanzrichtung, während er weiterdreht. Dieser rechte Fuß wird nun zum Drehpunkt: Während er dreht, wird das Gewicht vom linken Fuß auf den rechten verlagert und gleichzeitig die Frau in der Drehung um den Mann geführt. Während der Mann die Frau um sich herumführt, macht die Frau mehrere Schritte wie in einer normalen

Linksdrehung (zwei mehr als der Mann). In der Zeit verlagert der Mann nur das Gewicht, dreht der Mann weiter nach links und führt die Frau. Die Füße bleiben in der gleichen Position. Deshalb ist es wichtig, dass die Füße sofort richtig gesetzt werden, sonst hat die Frau einen zu weiten Weg. Beide könnten hier die Balance verlieren, oder das Paar endet in einer falschen Richtung beziehungsweise Position. Die Salida wird meist geradeaus in Tanzrichtung weitergetanzt, man kann aber auch die Drehung wiederholen oder eine andere Drehung nach links mit Lapiz, Barrida usw. anschließen.

Wechsel von Ocho atrás in Ocho adelante

Der Mann führt einen Ocho atrás der Frau zuerst nach links, dann zurück.

Hier erfolgt der Richtungswechsel mit einem Pivot in den Ochos adelante. Wenn die Frau nach rechts geht, macht der Mann eine Sacada mit rechts vorwärts und leitet unter Umständen eine Linksdrehung ein.

Kurz: Ocho atrás – Ocho adelante – Linksdrehung – Sacada mit rechts (M)

Ocho cortado – Rechtsdrehung – Sacada

Der Mann führt einen Ocho cortado, hinterkreuzt mit rechts gleichzeitig mit der Frau, wenn sie einkreuzt. Er leitet nun eine Rechtsdrehung ein, indem er die eingekreuzten Füße lediglich aufdreht. Mit dem linken Fuß kann er anschließend eine Sacada anzeigen, wenn die Frau den zweiten Schritt (links seitwärts) vornimmt. Das Timing ist wichtig, weil er sie erst vorgehen lassen muss, dann erfolgt ein Pivot, und sie geht links seitwärts, wobei sie dann frontal zu ihm steht.

Kurz: Básico – Ocho cortado – Mann hinterkreuzt mit rechts, wenn Frau einkreuzt – Rechtsdrehung einleiten – Sacada (M) mit links – Salida.

Richtungswechsel

Der Mann beginnt mit den Basisschritten rechts zurück, links seitwärts, rechts vorwärts; nun schließt er mit links an. Beim Rückwärtsschritt mit rechts führt er die Frau an sich vorn vorbei in eine halbe Rechtsdrehung. Sein linkes Bein bleibt etwas länger hinten, während er das Gewicht auf den rechten Fuß überträgt und die Frau auf die andere Seite geht. Nun begleitet er mit dem linken Fuß die Bewegung der Frau in die neue (entgegengesetzte) Richtung.

Ocho atrás – Sacada – Ocho atrás

Statt einen Gancho zu provozieren, geht man beim Ocho atrás der Frau mit rechts zwischen ihren Beinen vorwärts, nimmt dabei aber Gewicht mit, das man nach vorn verlagert. Die Frau kann danach in Vorwärts-Ochos herausgeführt werden.

Man kann der Frau auch eventuell mehr Zeit lassen für einen Front-Boleo (die peitschenartige Bewegung wird vor und nicht hinter dem eigenen Bein ausgeführt).

Alternative: Man geht nicht mit rechts, sondern mit links zwischen den Beinen der Frau vorwärts.

Kick Ball Change

Der Mann geht rechts rückwärts, links seitwärts, beide gehen innen vorwärts. Der Mann geht mit dem rechten Fuß innen vorwärts, die Frau mit dem linken. Dann geht der Mann links nur kurz vorwärts (ohne starke Gewichtsverlagerung), dann gehen beide wieder zurück, machen einen Fußwechsel wie beim „Kick Ball Change" im Jive und wählt danach eine Salida. Die Frau kann zum Beispiel in einen Ocho atrás geführt werden. Dieses „Kick Ball Change"-Element ist am ehesten so zu beschreiben: Es ist ein kleiner Kick (oder Tap) mit links gefolgt von einem sofortigen Rückschritt (nur auf den Ballen) und Gewichtsübertragung auf den rechten Fuß. Dieses Element wird viel flacher am Boden getanzt als im Jive, aber die Gewichtsverlagerung ist ähnlich.

Giro (links) – Lapiz (M) – Sacada (M) – Enrosque

Der Mann geht links seitwärts, rechts vorwärts und führt die Frau nach links (sie geht die nächsten Schritte weiter in der Linksdrehung = Giro), der Mann macht mit linkem Fuß einen Lapiz, geht dann mit links vorwärts zwischen die Beine der Frau und macht eine Sacada. Dabei tanzt er ein Enrosque (rechts hinten einkreuzen), belastet anschließend den rechten Fuß, kreuzt mit links hinten ein, dann mit rechts.

Hier könnte man noch weitere Sacadas tanzen und in einen Ocho atrás führen, Barridas einbauen oder einen anderen Ausgang (Salida) wählen.

Cruzado – Giro (links) – Sacada atrás (für den Mann) – Sacada

Der Mann geht in den Cruzado mit links seitwärts, rechts heran, links vorwärts. Er führt die Frau nun nach links in einen Giro (Linksdrehung), geht rechts vorwärts (der Rumpf bleibt der Frau dabei zugewandt, der Rücken ist also in Tanzrichtung, und er begleitet die Frau bei ihrem Vorwärtsschritt); dabei führt er eine Drehung auf dem rechten Fuß nach links aus, macht eine Sacada atrás mit links und zunächst keinen weiteren Schritt; die Frau rollt beziehungsweise dreht nun über das rechte Bein des Mannes, der nach der Sacada das Gewicht auf den linken Fuß überträgt). Er schließt mit rechts und tanzt eine Salida.

Tango milonguero

Die Haltung ist im Tango milonguero enger als im Tango de Salón, die Musik rhythmischer, die Führung entsprechend enger und intensiver. Die Schritte sind der Geschwindigkeit angepasst deutlich kleiner und „staccato" gesetzt. Staccato bedeutet kurz, wodurch die Schritte ein wenig akzentuiert sind, was aber nicht betont bedeutet. Sie können und sollen auch nicht jeden Schritt betonen. Die Schritte werden aber so gesetzt, dass es weniger ein Gleiten ist, sondern man die einzelnen Schritte etwas von oben auf den Boden bringt. Es genügen da schon Millimeter bis wenige Zentimeter, es zählt die sichtbar gemachte Intention der Bewegung.

Aufgrund der Haltung und der Geschwindigkeit der Musik sind viele Figuren aus dem Tango de Salón nicht umsetzbar. Dafür gibt es andere, die typisch für den Tango milonguero sind. Sie können aber durchaus einiges kombinieren, und Ihr Verständnis für den Tango wird insgesamt tiefgründiger. Obwohl der Tango milonguero die ältere Form ist, entdecken und erlernen ihn die meisten eher etwas später. Vielleicht liegt es an der deutlich älteren Musik, die für Anfänger etwas rustikal und eben wie aus einer anderen Epoche wirken mag. Erst nach einiger Zeit versteht man, dass dies aber die Basis ist, ohne die man den Tango eigentlich nicht wirklich beherrschen kann.

Die Entwicklung mancher berühmter Tango-Tänzer scheint dies widerzuspiegeln. In der ersten Phase ihrer Karriere glänzten sie mit Tango Nuevo, danach mit Tango de Salón und schließlich zeigten sie Tango milonguero, vielleicht als Rückbesinnung auf den Ursprung und die Seele des Tangos. Der Tango milonguero hingegen ist auf eine

Weise subtil, die man vielleicht erst spät in der eigenen Tanzentwicklung schätzen lernt.

Baldosa-Variante mit Verdopplung des Seitwärtsschritts

Der Mann geht links seitwärts, rechts vorwärts, links vorwärts (nun eventuell im doppelten Tempo), rechts seitwärts, links heran, rechts seitwärts, links heran (gegebenenfalls Wiederholung), rechts vorwärts (oder zurück); Salida.

Ocho cortado

Den Ocho cortado kennen wir schon vom Tango de Salón, er wird hier in gleicher Weise getanzt.

Ocho cortado, Variante

a) Der Mann geht links seitwärts, rechts vorwärts (an der rechten Seite der Frau, dabei ist ihr sein Rumpf beziehungsweise Torso zugewandt), den linken Fuß halb belasten, rasch mit rechts hinterkreuzen (Frau nicht zu weit vorlassen), Gewicht und Schritt zurück auf rechts mit Rechtsdrehung des

Torsos (die Frau bis Ende schwingen lassen), Gewicht wieder auf den linken Fuß, rechts vorbeiziehen.

b) Nach dem Einkreuzen könnte der Mann sich nach rechts mitdrehen und mit dem linken Fuß eine Sacada bei der Frau machen.

Mehrere Ochos mit übergeordneter Kreisbewegung

Der Mann leitet Vorwärts-Ochos der Frau ein und geht dabei mit dem linken Fuß zurück, wobei er etwa eine Achtel- bis Vierteldrehung vollführt. Während die Frau den nächsten Ocho nach vorne tanzt, schließt er einfach durch Heranziehen des rechten Fußes. Die Ochos der Frau sind jeweils nur schräg angesetzt. Die Frau muss sich hier nicht um hundertachtzig Grad drehen, sondern etwa eine Vierteldrehung ausführen, alles andere wäre in der Geschwindigkeit kaum möglich. Das wird zum Beispiel viermal wiederholt, dann wählt man eine Salida.

Cunita, Variante

Im Tango milonguero gibt es die eng getanzte Variante der Cunita, bei der die jeweils rechten Schenkel außen eng aneinandergedrückt werden, und man geht diese Haltung beibehaltend zwei oder drei gedrehte Wiegeschritte. Verzieren kann man durch Einkreuzen vorn und hinten mit dem jeweils freien Fuß.

Der Einstieg ist rechts rückwärts, links seitwärts, rechts diagonal außen knapp an der Frau vorbei, und man sucht Kontakt zum Oberschenkel. Der Schenkeldruck wird bei den Wiegeschritten vor und zurück beibehalten. Beide können dabei jeweils leicht nach links drehen.

Forciertes Einkreuzen der Frau hinten

Der Mann geht rechts rückwärts, links seitwärts, dann betont rechts vorwärts und schließt dann mit links.

Die Frau folgt zunächst parallel, beim stark betonten Vorwärtsschritt des Mannes fliegt ihr rechtes Bein aber nach hinten. Er gibt ihr dabei mit dem Schultergürtel eine leichte Drehung nach rechts, die bewirkt, dass ihr rechtes Bein nicht nur gerade nach hinten fliegt, sondern auch etwas auf ihre linke Seite verschoben wird, weshalb sie hinten einkreuzt. Er geht anschließend mit dem rechten Fuß rückwärts und wiederholt das Vor- und Zurückgehen.

Dabei kann man nun entweder Ochos atrás – also Rückwärts-Ochos – der Frau einleiten oder eine andere Salida wählen.

Einfaches Einkreuzen für beide

Der Mann geht links seitwärts, rechts diagonal vorwärts, mit dem linken Bein schwingt er vor, um dann gleich mit dem linken Fuß vor dem rechten Fuß einzukreuzen. Dabei überträgt er auch sofort das Gewicht auf den linken Fuß. Mit dem rechten Fuß macht er nun einen Picotero diagonal hinten rechts und geht sofort wieder mit dem rechten Fuß vorwärts. Die Partnerin folgt allen Schritten parallel. Der Picotero dient sowohl als Verzierung als auch als kurze Abstützung, weil man die Bewegung nicht nach hinten fortsetzt, sondern wieder nach vorn geht und somit rasch eine Schubumkehr machen muss. Man kann das nun auch mit einem Schritt rechts vorwärts wiederholen und wieder vorn einkreuzen.

Als Variante kann man die Figur drehen:

Der Mann geht links seitwärts, rechts vorwärts, geht links mit wenig Gewicht vorwärts, kreuzt dann mit links vor dem rechten Fuß ein. Dabei dreht er etwa eine Achteldrehung (entspricht ca. fünfundvierzig Grad) nach links. Dann geht er rechts rückwärts, links seitwärts, rechts vorwärts. Die Bewegung kann man nun wiederholen: links mit wenig Gewicht vor, mit dem linken Fuß vor dem rechten Fuß einkreuzen usw.

Doppeltes Einkreuzen für beide

Der Mann beginnt rechts rückwärts, dann links seitwärts. Er geht mit dem rechten Fuß betont diagonal nach vorn (und führt die Frau dabei etwas enger). Dann schwingt sein linkes Bein vor, um danach mit dem linken Fuß vor dem rechten Fuß einzukreuzen. Das Einkreuzen wird wiederholt und kann jeweils schnell hintereinander im doppelten Tempo zweifach getanzt werden. Die Frau folgt parallel dazu. Die Führung lässt der Frau etwas weniger Freiraum, weil das rasche Einkreuzen der Frau nicht unbedingt intuitiv erfolgt. Abschließend kann der Mann mit dem rechten Fuß einen Picotero machen, um dann wieder diagonal nach links vorwärts zu gehen.

Beim Picotero wird kurz mit der Fußspitze (hinten seitlich) auf den Boden getippt, und es folgt sofort ein Schritt.

Rebote-Kombination

Der Mann beginnt rechts rückwärts, dann links seitwärts. Dann geht der Mann mit dem rechten Fuß diagonal an der rechten Seite der Frau vorwärts. Mit dem linken Fuß macht er einen Rebote (Stützschritt) auf die linke Seite, belastet wieder schnell den rechten Fuß, der dabei einen leichten Pivot (Vierteldrehung) nach rechts macht. Er geht dann mit dem linken Fuß schräg vorwärts in die andere Richtung. Nun folgt mit dem rechten Fuß die Rebote. Danach nimmt er wieder das Gewicht zurück auf den linken Fuß. Man kann nun einen geraden Ausstieg (Salida) wählen.

Rückwärtsschritt-Serie für den Mann

Während die Frau vorwärts geht, geht der Mann parallel mehrere Schritte rückwärts.

Der Mann beginnt in der Regel mit dem rechten Fuß. Dabei kann er jeweils mit dem linken Fuß beim nächsten Schritt vor dem rechten Fuß einkreuzen oder zum Beispiel mit dem Fuß kurz auf den Boden tippen, bevor er mit diesem Fuß anschließend den nächsten Schritt nach hinten setzt. Diese Abfolge von Einkreuzen und danach sofort den eigentlichen Schritt setzen kann man nun mit dem rechten Fuß durchführen.

Das kurze Einkreuzen, bevor man eigentlich einen Rückwärtsschritt setzt, ist hier übrigens ein Amague (ein Antäuschen einer Bewegung). Dieses Antäuschen macht man im doppelten Tempo, denn normalerweise würden sowohl das Einkreuzen als auch der Rückwärtsschritt jeweils einen Taktschlag dauern. Dieses Timing passt aber in der Regel nicht zum normalen Tempo der Vorwärtsschritte der Frau. Wenn die Frau merkt, dass der Mann diese Verzierungen macht, kann sie das ähnlich begleiten, indem sie zum Beispiel ganz kurz hinter ihrem jeweils vorderen Fuß einkreuzt, bevor sie den Schritt nach vorn setzt. Da der Mann einige Schritte nach hinten setzen kann, ist hier besondere Vorsicht geboten, damit man niemanden auf der Tanzfläche stört.

Traspié

Traspié kann mit Stolpern oder Straucheln übersetzt werden. Es ist im Tango aber eher eine Gewichtsverlagerung kombiniert mit einem akzentuierten Schritt, für den man davor Körperspannung aufbaut und sich ein wenig nach oben streckt. Die Bewegungen sind keinesfalls unkontrolliert. Der Betrachter könnte von außen aber vielleicht glauben, dass man in den Schritt fast hineinstolpert.

Beispiel: Der Mann geht zuerst nach rechts, schließt mit links und geht rechts außen an der rechten Seite der Frau betont vorwärts und dreht dabei deutlich (mehr als eine Vierteldrehung). Dabei muss der Mann so um die Frau gehen, dass er den Radius um sie nicht verändert und er sie deshalb nicht aus der Achse bringt. Der linke Fuß schließt nun an, danach kommen noch kleine Tap-Schritte (rechts seitwärts, links schließen) mehr oder minder auf der Stelle mit kleinen Gewichtsverlagerungen als Ruhephase nach der stark betonten Drehung. Nun wird man üblicherweise diese Schrittfolge einmal wiederholen.

Promenaden

Espejo-Variante

Der Mann beginnt rechts rückwärts, dann links seitwärts. Beide gehen nun spiegelbildlich (Espejo = Spiegel) innen diagonal vorwärts. Mit dem rechten Fuß schließt der Mann, die Frau mit dem linken. Dann machen sie jeweils einen Pivot und gehen in diese Richtung mit dem anderen Bein nach hinten. Das ist beim Mann der rechte Fuß, bei der Frau der linke. Dann schließt der Mann mit dem linken Fuß und geht wieder mit dem rechten Fuß nach vorn. Die Frau schließt mit dem rechten Fuß und geht mit dem linken nach vorn. Dieser Ablauf kann einige Male wiederholt werden. Generell sind zu viele Wiederholungen eines Bewegungsablaufs aber nicht besonders reizvoll. In diesem Fall kann man je nach Schrittlänge relativ weite Distanzen zurücklegen und dadurch in den Bereich anderer Paare kommen und sie dadurch stören.

Espejo-Variante mit Boleos

Der Mann geht rechts rückwärts, links seitwärts; nun machen beide einen Boleo und gehen innen vor. Danach kann man die Frau zum Beispiel in eine Linksdrehung führen.

Parallele Variante mit Pivot

Der Mann beginnt rechts rückwärts, dann links seitwärts; die Frau folgt parallel. Mit rechts geht der Mann nun diagonal an der rechten Seite der Frau vorwärts, während sie einen Rückschritt in dieselbe Richtung vornimmt. Nun schließen beide die Füße, machen einen Pivot in die Richtung der Promenade, dann geht er rückwärts und sie vorwärts, und beide schließen wie vorhin. Das kann man natürlich wiederholen und danach eine Salida machen.

Parallele Variante ohne Pivot

Der Mann beginnt rechts rückwärts, dann links seitwärts; die Frau folgt parallel. Mit rechts geht der Mann nun diagonal an der rechten Seit der Frau vorwärts, während sie einen Rückschritt in dieselbe Richtung unternimmt. Nun schließen beide die Füße, und der Mann geht mit dem rechten Fuß leicht schräg nach links hinten und schließt mit dem linken Fuß. Die Frau folgt parallel. Diese Schrittfolge kann wiederholt werden, danach Salida.

Vals

Der Vals bedeutet übersetzt zwar Walzer, aber das ist nicht ganz korrekt. Der Vals ist auch nicht einfach ein Tango im Dreivierteltakt, sondern eigentlich ein eigener Tanz. Der Vals ist charakterisiert durch mehr Leichtigkeit und eine höhere Geschwindigkeit als die des Tangos de Salón. Daher wird man auch nicht alle Tango-de-Salón-Elemente im Vals tanzen können. Die Schritte müssen die Rhythmik, die Geschwindigkeit und insgesamt den Stil der Musik berücksichtigen. Es ist naheliegend, dass Drehungen und Ochos gut passen. Für Posen, Pausen, Paradas und lang gestreckte Schritte lässt die Musik keine Zeit. Erzwingen Sie also keine Verzierungen oder andere Bewegungen, die nicht mit der Musik fließen, und machen Sie kleinere Schritte.

Die Umarmung ist etwas flexibler und oft weniger eng, damit man diesen Flow und die Energie der Musik besser umsetzen und genießen kann. Man bleibt also nicht unbedingt in der ganz engen Haltung, sondern lässt manchmal ein wenig Distanz zu, um den Schwung der Drehungen besser ausnutzen zu können. Man nimmt diese Energie mit in die nächste Figur. Der Fluss der Bewegung soll nicht durch scharfe Stopps, Richtungswechsel und Rebotes unterbrochen werden. Sie können aber Ihre fließenden Bewegungen und Kombinationen von Drehungen usw. aus dem Tango de Salón für den Vals adaptieren.

Tango Nuevo

Der Tango Nuevo hat das Spektrum der Bewegungen im Tango erweitert, und entsprechend sind die Führung und das Folgen deutlich schwieriger. Das Ausbalancieren der Achsen und der Bewegungsenergie der Partner in Relation zueinander ist eminent wichtig. Die Entfernung der Körper in der Tanzhaltung variiert stark, und eine enge Haltung kommt etwas seltener vor.

Es haben sich der Tango als Musik und Tanz vor allem durch den Einfluss beziehungsweise die Kompositionen von Astor Piazolla verändert. Es wuchs eine neue Generation von Tänzern heran, die experimentierfreudig und innovativ war. Gustavo Naveira, Fabian Salas und Mariano „Chicho" Frúmboli waren wichtige Protagonisten des Tango Nuevo.

Aus meiner Sicht war eine wesentliche Leistung dieser Generation aber auch, dass sie die Systematik des Tangos an sich erst analysierten und in der heutigen Form etablierten. Fast ungewollt wurden diese Tänzer dadurch nicht nur Meister des Tango Nuevo, sondern sie haben den Tango bis in die Gegenwart gerettet und zu einer enormen Bekanntheit geführt. Tango Nuevo ist schwieriger mit einer fremden Partnerin führbar, weil die Partnerin fortgeschrittene Kenntnisse benötigt, um die Führung verstehen und umsetzen zu können. Die Achsen der Drehungen werden häufig verschoben, die Richtung sehr rasch geändert, und die Figuren benötigen oft mehr Platz als beim traditionellen Tango.

Es mag daher unangemessen wirken, wenn ich hier im Folgenden nur zwei Begriffe grob erkläre, aber die Komplexität des Tangos Nuevo bleibt den fortgeschrittenen

Tango-Paaren vorbehalten, die sich diese Kenntnisse besser in Workshops ihrer favorisierten Maestros aneignen.

Colgada

Bei einer Colgada (hängend) geht die Drehachse des Paars durch den Fußballen des Standbeins der Frau. Im Schultergürtel haben die Partner etwas mehr Abstand voneinander.

Beispiel: Der Mann stoppt die Frau mit einer Mordida, dann wird der Abstand im Schultergürtel vergrößert, und der Mann dreht nun die Frau, indem er mit kleinen Schritten um den Fuß des Standbeins der Frau geht. Auch wenn der Abstand größer wird, die Haltung muss sehr stabil und zuverlässig sein, weil die Frau mit einem Teil ihres Gewichts in der Umarmung des Mannes „hängt". Die Hand des Mannes liegt dabei am linken Schulterblatt der Frau.

Volcada

Bei einer Volcada wird die Achse der Frau gekippt (volcar), indem der Mann einen Schritt rückwärts setzt und die Frau dadurch stärker nach vorn geneigt ist. Dadurch spürt der Mann das Gewicht der Frau stärker im Schultergürtel und der Mann muss sich gewissermaßen dagegenstemmen und gleichzeitig das Schwingen des Spielbeins der Frau führen.

Mit einer Mordida stoppt man zunächst die Frau, damit sie weiß, dass sie stehen bleiben soll. Danach geht man zurück, ohne den Kontakt zu ihr zu lösen. Sie nimmt das als Einladung, ihr Spielbein (beispielsweise das linke Bein) nach vorne schwingen zu lassen. Geht der Mann nun währenddessen nach links und wieder auf die Frau nach vorn zu, wird ihr Spielbein vorn bei ihr einkreuzen. Es ist dabei wichtig, dass der Mann die richtige Entfernung von der Frau wählt, sonst ist ihre Achse sehr schräg, und beide müssen relativ viel Kraft aufwenden, um völlig gerade in ihrer Achse zu bleiben. Keinesfalls soll ein Hohlkreuz gemacht werden. Auch die Bewegung, mit der der Mann das Bein führt, ist nicht ganz einfach. Zunächst soll das Bein nach vorn schwingen, danach erfolgt eine Seitverschiebung, damit die Frau einkreuzt. Gleichzeitig richten beide ihre Achse wieder gerade in die Höhe, weil der Mann wie erwähnt wieder auf die Frau zugeht und die Haltung normal wird.

Die Elemente Colgada und Volcada können jeweils sehr fantasievoll mit anderen Schritten kombiniert werden. Es scheint mir aber nicht sinnvoll, diese komplexen Figuren in einem Text zu beschreiben, denn dazu sind entsprechende Workshops sinnvoller und somit zu empfehlen.

Nachwort

Wenn Sie das vorliegende Buch von vorne bis hinten oder vor allem im hinteren Teil gelesen haben, hat sich Ihr Repertoire an Tango-Elementen so vergrößert, dass Sie variieren und unterschiedlich kombinieren können: Sie haben den Grundschritt, Varianten der Caminata, Drehungen, Verzierungen, rhythmische Variationen und diverse Kombinationen kennengelernt. Damit Sie eine Erinnerungshilfe für die vielen Begriffe haben, habe ich sie am Ende in Tabelle 8 kurz zusammengefasst.

Es ist sicher nicht ideal, mit einem Buch einen Tanz zu erlernen, aber auch der Unterricht mit Lehrern reicht nicht immer aus. Wenn Sie mit einigen Punkten in diesem Buch nicht einverstanden sind oder etwas unklar ist, fragen Sie einfach Ihren Lehrer. Jeder hat seine festen Überzeugungen, aber Sie können alles selbst ausprobieren und prüfen. Kriterien sind zum Beispiel die technische Machbarkeit, die Führbarkeit, ob sich die Partner damit wohlfühlen und wie sich die Figur in Ihr Repertoire einfügt.

Ich habe in diesem Buch Elemente zusammengestellt, die ich bei mehreren meiner Vorbilder gesehen habe. Ich will damit sicherstellen, dass es keine ausgefallenen Figuren sind, die ein spezielles Training als Paar erfordern. Diese Figuren werden Sie mit fast jeder fremden Partnerin tanzen können. Selbstverständlich orientierte ich mich an dem, was mir meine Lehrer zeigten, denen ich für ihre Geduld und ihr Wohlwollen sehr dankbar bin.

Uns allen ist der Tango Argentino wichtig, und er gehört zu unserem Leben und unserem Selbstverständnis. Vielleicht können auch andere Hobbys Menschen zusammenführen. Die Tango-Welt ist jedenfalls besonders, weil man mittlerweile fast überall auf der Welt zumindest in größeren Städten Tango-Veranstaltungen besuchen kann und Gleichgesinnte trifft. Besuchen Sie weiter Kurse, Workshops und Milongas. Ich wünsche Ihnen viel Vergnügen dabei!

Danksagung

Dieser Teil meines Buchs liegt mir besonders am Herzen, weil ich so viel Unterstützung beim Schreiben über meine Tango-Erfahrungen und bei der Weitergabe meines Wissens erhalten habe, wie ich es nicht erwarten konnte. Als ich die Idee für das Buch bei Freunden erwähnte, wurde ich sofort von allen Seiten dazu ermuntert. Völlig offen und ehrlich schilderten mir viele ihre Schwächen, Wissenslücken und Probleme in Bezug auf den Tango, zu denen ich doch etwas schreiben sollte. Ich nahm ihre Themen im Buch gerne auf, und es entstanden daraus einige Kapitel. Diese lieben Freunde haben aber auch alle das Buch gelesen und viel Zeit damit verbracht, Korrekturen und Anmerkungen im Text zu notieren. Deshalb möchte ich sie hier vorstellen und ganz kurz ihren Beitrag zu diesem Buch schildern.

Jacqueline spricht mehrere Sprachen und brachte aus ihrem Bereich entsprechende Fachkenntnisse ein. Sie lieferte mir auch bei unseren wöchentlichen Treffen beim Tanzen immer neue Ideen und Anregungen für das Buch. Die Gespräche mit ihr und ihrem Partner Harald waren vielleicht der entscheidende Auslöser, warum ich mit dem Schreiben dieses Buchs begonnen habe. Harald ist Techniker und hat mit großer Akribie nicht nur den Text sprachlich kontrolliert, sondern auch die Schilderungen der Bewegungsabläufe der Figuren auf Plausibilität geprüft. Auf seine Initiative hin habe ich einige Passagen umgeschrieben und Figuren ausführlicher dargestellt.

Astrid ist selbst Autorin von Büchern und Künstlerin. Sie teilte mit mir ihre Erfahrungen mit dem Schreiben mittlerweile mehrerer Bücher. Sie war für mich ein großes Vorbild, weil sie vor nicht allzu langer Zeit wieder ein eigenes

Buch veröffentlicht hatte. Ihr Ehemann Matthias korrigierte das Manuskript mit viel Gespür für sprachliche und inhaltliche Konsistenz und Struktur.

Wolfgang ist Physiker und Autor von Fachbüchern auf seinem Gebiet. Er schilderte mir seine Erfahrungen als Autor und ermunterte mich beim Schreiben mit seiner herzlichen Art ebenso wie seine Frau Ute.

Justine ist Frauenärztin und hat sowohl japanische als auch amerikanische Wurzeln. Sie sieht die unterschiedlichen Kulturen sehr differenziert und ließ mich diese Aspekte auch im Tango nochmals reflektieren. Ihr Ehemann Thomas ist nicht nur Soziologe an der Universität Jena, sondern auch Buchhändler. Er half mir bei den Überlegungen, wie man das Buch für Leser attraktiv gestalten könnte.

Kathrin und Jörg sahen sich als Testpersonen. Sie probierten meine Beschreibungen aus. Gewisse Unklarheiten im Text konnte ich nach unseren Gesprächen beseitigen.

Heike und Steffen sind Juristen. Urheberrecht und andere rechtliche Aspekte sind für die beiden nur eine Fingerübung. Sie wachten über mich, dass ich aus juristischer Perspektive auf dem rechten Pfad blieb.

Bärbel ist hauptberuflich Lektorin und hat das Manuskript am Schluss geprüft und überarbeitet.

Dieses Buch ist also nicht nur mein Werk, es ist das Ergebnis einer Teamarbeit, zu der jede und jeder mit Engagement zu verschiedenen Aspekten etwas beigetragen hat, um dieses Projekt in der aktuellen Form zu ermöglichen. Ich bin ihnen allen unglaublich dankbar dafür und froh, diese nette Gemeinschaft fern meiner alten Heimat gefunden zu haben.

Abschließend möchte ich mich herzlich bei meiner Frau Klaudia bedanken, mit der ich seit vielen Jahren sehr gerne tanze. Sie hat mehrere Versionen des Manuskripts geduldig gelesen und mir den Rücken freigehalten, damit ich Zeit für das Schreiben dieses Buchs hatte.

Tabelle 8. Begriffe im Tango. Diese Übersicht soll helfen, sich rasch wichtige Tango-Begriffe in Erinnerung zu rufen.

Begriffe	Erklärung
Abrazo	Umarmung
Adornos	Verzierungen
Amague	angetäuschter Schritt
Baldosa	Grundschritt ohne Kreuz
Barrida	Verschieben des Fußes/Fußschieber
Básico	Grundschritt
Boleo	Peitschenartige Verzierung
Cabeceo	Aufforderung zum Tanz durch Blick-Kontakt
Caminar/Caminata	Gehen
Colgada	Drehung um einen Punkt, die Oberkörper sind auseinander
Corrida	Lauf, Rennen
Cruce	Einkreuzen/Kreuz
Cruzado	gekreuztes Schrittsystem
Cunita	Wiege
Enrosque	verschraubtes Eindrehen
Espejo	Spiegel
Gancho	Haken
Giro	Drehung
Lapiz	Bleistift, Ronde
Medialuna	Halbmond
Molinete	Windmühle; Schritte in der Drehung
Mordida	absichtlicher Fußkontakt
Ocho	Acht; Pivot und Schritt
Parada	Stopp
Pasos	Schritte
Picotero	Tap-Schritt
Pista de baile	Tanzfläche
Pivot	Drehung auf dem Fußballen
Planeo	„verkehrte" Ronde
Rebote	rascher Richtungswechsel
Resolución	Auflösung
Ronde	raumgreifende Bewegung
Sacada	Verdrängen des Beins
Salida	Ausgang einer Figur
Sanguchito	Sandwich; Fuß wird eingeklemmt
Traspié	akzentuierter Fußwechsel
Volcada	Bewegung mit gekippter Achse

Anmerkungen zur Literatur und zu den Internetseiten

Es gibt gute Bücher über den Tango und viele herausragende Tänzer, die lehrreiche Unterrichtsvideos aufgenommen haben. Sie können über deren Internetseiten Informationen und Videomaterial bekommen. Das Internet ist eine wunderbare Quelle, um Tanzvideos zu allen Themen zu finden. Wenn Sie die Homepages besuchen und Videos der in diesem Buch erwähnten Tänzer ansehen, dann werden Sie sicher motiviert sein, sofort wieder tanzen zu gehen und alles auszuprobieren.

Literatur

Dimitris Bronowski. Tango Tips de los Maestros. Bukarest, 2021. ISBN 9798511603780

David Thomas. Get to Know Twenty Tango Orchestras. Tango Journey, 2023. ISBN-13: 978-0995534452

Alexandru Eugen Cristea. Tango para Profesores (La Matriz del Tango). Magisteria, Bucharest, 2017. ISBN-13: 978-1522700425

World Dance Sport Federation. WDSF Technique Books – Tango (3rd edition), 2018.

Auswahl von Tango-Seiten im Internet

(letzter Zugriff jeweils im Januar 2025)

https://www.theartoftango.club

https://you-tango.com

https://www.tango-maldito.de

https://www.todotango.com/deutsch/

https://pagewizz.com/tango-tanzen-mit-stil-32383/

https://www.tangoconnection-munich.com

http://www.tangoblog.ch/texte/regeln.html

https://www.latangoacademy.com/all-classes-old
https://www.stravaganza.de

https://tango-space.com

https://www.miriamleonardotango.com

https://www.punta-del-tango.de/tango/tango-lexikon

https://theargentinetangoschool.com/international-maest-ros/

Tabellen-Verzeichnis

Tabelle 1. Checkliste für die Haltung

Tabelle 2. Fußplatzierung und Fußaktion

Tabelle 3. Básico

Tabelle 4. Cruzado

Tabelle 5. Baldosa

Tabelle 6. Molinete-Variante mit Lapiz

Tabelle 7. Medialuna

Tabelle 8. Begriffe im Tango

Über den Autor: Herbert Tomaso

PD Dr. med. univ. Herbert Tomaso ist ein österreichischer Arzt, der seit 2002 in Deutschland lebt und in einem mikrobiologischen Labor arbeitet. Tango-Kurse und Workshops besuchte er unter anderem bei folgenden Lehrerinnen und Lehrern in München, Buenos Aires, Amsterdam, Berlin und Jena: Martha Giorgi, Alejandra Mantiñan, Gabriel Missé, Oscar Busso, Sebastián Arce und Mariana Montes, Gustavo Naveira, Mariano „Chicho" Frúmboli, Miguel Angel Zotto, Roberto Herrera, El Pibe Avellaneda, Silvina Machado und Héctor Corona.